図書館サポートフォーラムシリーズ

プロ司書の検索術

「本当に欲しかった情報」の見つけ方

入矢玲子 著

日外アソシエーツ

装丁・図版：中村勝紀（TOKYO LAND）

まえがき——探すチカラを基礎から鍛える

私の勤務先は、東京都多摩エリアにある在籍者約三万人の私立大学の図書館です。そんな学術中心のお堅い場所にも、奇妙な依頼が舞い込むことがあります。

米国ロサンゼルスの富豪から届いた英文レターもそうでした。十代の時に会った日本人女性を探したいというのです。

「私は真面目に働き、それなりに成功して引退した身です。ただ、やり残した気がかりなことがあります。カオリ（仮名）さんに会って、お礼を言いたいのです。昔、父が日本から褒章を受け、三人の少女が届けに来てくれました。カオリさんはその一人です。彼女は十六歳、私は十八歳でした。それきりになってしまいましたが、カオリさんについて何か手がかりを得たいのです」

すぐに依頼主の名前をアメリカの新聞で検索しました。まだオール紙の情報の時代で、当然インターネットもなく手間がかかりましたが、信憑性の確認は司書の役目の一つです。

多数の記事やインタビューが見つかり、依頼主が一代で財をなした実在の富豪であることが判明しました。資料で父親の名前が確認でき、レターが手の込んだいたずらではないこともわかりました。しかし、そこで壁に突き当たります。

レターはもともと大学のアーキビスト（公文書専門家）宛でした。「ほかに適任者がいないから」という理由により、図書館でレファレンス（情報の検索・相談）を担当する私に話が回されたにすぎません。紙の情報による人物調査には何日もかかります。職掌外の業務に時間を取られ、図書館に山積するレファレンスがおろそかになることは、やはりはばかられました。

結局、返信は出せなかったのです。

「今ならカオリさんを探せたかもしれないのに」と小さな悔いが残っています。

多くの情報がデジタル化され、ネットでつながった現代、図書館は単なる本の集積拠点から総合的な「情報館」に変身しました。あらゆるジャンルのデータを、時代や国境を超えて検索できる場になっています。公文書と図書といった垣根などありません。

今なら富豪は、図書館宛にメールで依頼をしたに違いないのです。

§

ここで「そうかなあ？」と思った方がいるかもしれません。

「今なら富豪は、スマートフォンとグーグル検索でカオリさんを探せるんじゃない？」と。

無理からぬ疑問です。多くの人が、たいていの情報はスマホとグーグルで探せると感じているからです。実際、辞書を引いたり商品をチェックしたりといった日常的な情報は、それでサクッと検索できます。

しかし、研究やビジネスに使える専門的な情報となると、データベースを使いこなすことが不可欠になります。データベースの中の情報は、グーグルでは検索できません。無数に存在するデータベースのどれにどんな情報が収蔵されているかという予備知識も必要です。

専門的な情報の中には、紙のまま分散所蔵されているものもあります。探したりコピーしたりするのは煩雑です。図書館に出向くことも増えるでしょう。

カオリさんの人物情報も専門的な情報に属します。自分で探すだけでは行き詰まり、結局はプロに依頼したのではないでしょうか。

さらに「カオリは『サオリ』の誤認では?」などとキーワードを検証することも、検索の大切な要素になります。司書など第三者を活用したほうが早く的確に探せるのです。

§

私は図書館のレファレンスカウンターでたくさんの質問を受け、情報探しのお手伝いをしてきました。質問は多種多様で、ベテランになっても「何それ？　知らない！」と驚かされることばかりです。まったく同じ質問は一つとしてありません。

それでも、多くの質問に共通する「探し方のコツ」といったものはあります。プロなら必ず知っている情報源が、一般的には意外と知られていなかったりすることにも気づきました。

そうした仕事上の気づきをギュッと凝縮し、欲しい情報に独力でたどり着くワザをまとめたのが本書です。この「独力」は、図書館の活用によって、より豊かに身に備わっていくことも明らかにしています。

§

情報探しにはトレードオフ（二律背反）がついて回ります。

「情報源が増えるのは望ましい」⇕「情報源が増えると検索がめんどう」

「データはなるべくたくさん欲しい」⇕「データが多くなると誤認やウソも増えて不安」

「入手困難な情報で差別化を図りたい」⇕「入手困難な情報を容易に入手する方法は？」

こういう困り事を解決するのも司書の役割です。

社会生活の基本技能である「読み書きそろばん」を3R（reading, writing, arithmetic）といいます。これに検索（information retrieval）を加えて「4Rの時代が来る」と昔、教わったものです。先進的な研究者やビジネスパーソンほど「確かに。今がそんな時代だ」と実感するのではないでしょうか。

私たちは研究でも仕事でも、かなりの時間を探すことに費やします。でも、探すことは目的ではなく手段、過程です。だったら、できるだけ短時間ですませるべきでしょう。

一方、検索の的確さ、広さ、深さは向上させなければなりません。

そういうトレードオフを解決するためにも、検索のコツを身につけることが大切です。

§

申し上げたい「まえがき」はここまでです。以下四つの補足を述べます。

①本書の立ち位置

情報の初心者が使えるガイドブックを目ざしました。研究者やベテランのビジネスパーソンも、専門分野が異なれば初心者と変わりないからです。ネット環境の変化は早く、個々の詳細な内容については専門書の最新版を読むことをお勧めします。また、文系と理系ではデータベースやサイトが大きく異なりますので、本書では人文社会科学系を中心に紹介します。

②館種について

図書館はサービス対象によって公共図書館、大学図書館、学校図書館、専門図書館などの館種があり、設置主体によって国立、公立、私立に区別されます。どの図書館でも基本サービスは共通ですが、こまかな部分は少しずつ異なります。私は私立大学図書館勤務なので、本書では大学図書館を中心に記述します。

③プロ司書の概念

「レファレンスに習熟し、情報リテラシー（情報活用能力）に関する見識も豊かなライブラリアン」といった意味です。そういう言葉が業界で用いられているわけではなく、いわば私自身の「かくあるべき姿」を要約した表現です。

④用語の概念

「司書とライブラリアンと図書館員」「インターネットとウェブ」「サイトとページ」などは厳密には概念差がありますが、読みやすさを優先し、文脈的に自然な使い方をしています。

§

人間にはパスカルの「考える葦」からアダム・スミスの「取引をする動物」[1]まで、さまざまな定義があります。その中に「情報なくして生きられない存在」という私流の定義を入れても、先人たちにとがめられないでしょう。

ある介護福祉士が認知症高齢者の介護のコツについて「情報あっての勝負。五感を総動員させて見えないところを見に行く」と語っていました。[2] 情報は、人生のあらゆるステージに必要不可欠なものだと改めて思ったものです。

情報力は研究やビジネスに豊穣な実りをもたらし、悟性と感性を深めて人生をアップデートしてくれます。本書によって、一生使える検索力を身につけていただければ幸いです。それは、私が誰に対しても願ってやまない「情報リテラシーの向上」につながっていきます。

入矢《いりや》玲子《れいこ》

目次◎プロ司書の検索術

第7章 世界の視点で受信と発信を見直す——情報学ガイド

5　情報リテラシーは人生をアップデートする　221

第1章 ◎ 検索概説

こんな時代に情報のプロがなぜ必要？

1 司書は深層ウェブに精通している

▼重要なのは生活情報でなく専門情報

「その情報は深層ウェブにあるので、グーグルではアクセスできません」

「えっ？」

大学図書館のレファレンスカウンターで、最近こんなやりとりが増えています。困り顔でスマホの画面を見せながら「欲しい論文のタイトルはグーグルで探せたんですが、肝心の全文情報にアクセスできないんです」といった相談にくる学生が多くなったためです。デジタルネイティブ世代のはずなのに、手元のサーチエンジンで探せなければ、そこでもうお手上げになってしまうのはなぜでしょうか。

事情は推察できます。一般的な学生生活は、スマホとグーグル（以下ヤフーやビングなどのサーチエンジン全体をグーグルとも呼びます）だけで検索できる日常的な情報の範囲でほぼ足ります。そのため、研究やビジネスに使える専門的な情報（以下「生活情報」「専門情報」と

図1　**表層ウェブと深層ウェブ**

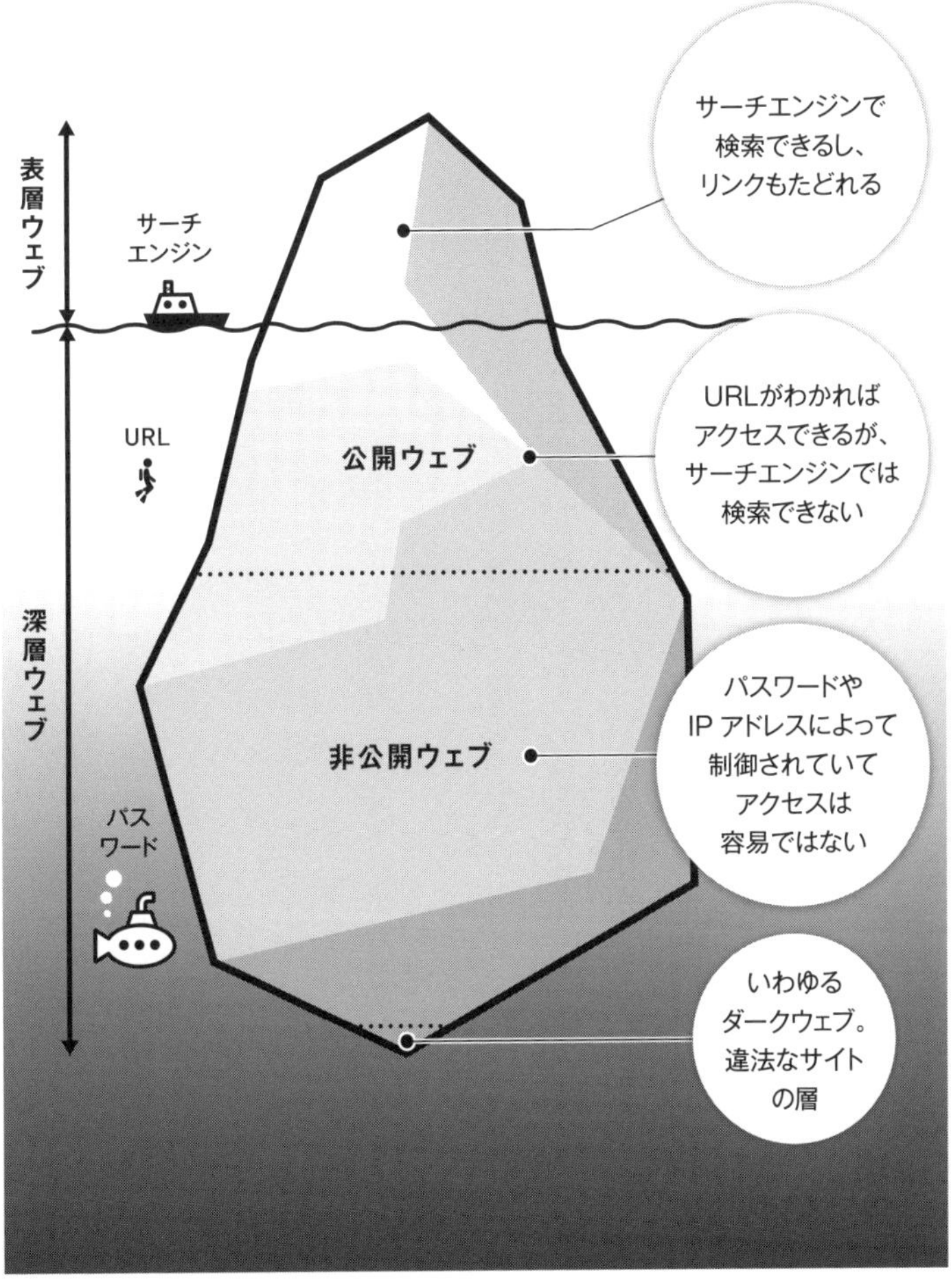

ざっくり言い分けてしまいます）にも、グーグルからリンクをたどって簡単に行けると錯覚してしまうのでしょう。

そこで、「表層ウェブ」「深層ウェブ」という概念によって情報の構造をまず知ってもらうのです。それが検索力改革のスタートになります。

▼表層ウェブは情報という氷山の一角

ウェブ情報の巨大な世界は、前ページのような氷山の形にイメージすることができます。

【表層ウェブ】

サーチエンジンで簡単に検索でき、リンクもたどれる情報です。

生活情報のほぼすべてがここにあります。しかし、ウェブ情報全体からすれば、ごく一部分にすぎません。

【深層ウェブ】

原則的にサーチエンジンでは検索できず、リンクもたどれない情報です。

ＵＲＬがわかればアクセスできる「公開ウェブ」と、パスワードや**ＩＰアドレス**（104ページ参照）によって制御されている「非公開ウェブ」に分かれます。いずれも、探し方を知らないと探せないことで共通しています。専門情報やデータベースのほとんどが、ここにあります。

表層と深層の比率には諸説がありますが、情報の七～九割が深層ウェブにあることは衆目の一致するところです。

「インターネットにない情報は、この世に存在しないと思う学生が多い」とよく揶揄されるのは、存在するのに探せていない情報が大量にあるだけの話なのです。

サーチエンジンは検索のつどウェブページを探すのではありません。クローラと呼ばれる大量のロボットがウェブを定期的に巡回し、情報をクロール（自動収集）していて、それを検索するのです。

クローラの収集できるサイトが、表層ウェブを形成します。一方、アクセスが制限されている情報やクロールを拒否する情報は収集できず、深層ウェブと呼ばれるわけです。

なお、深層ウェブの最下層には、私たちとは無縁の違法な「ダークウェブ」があります。

グーグル一本槍の検索で手詰まりになった学生に、私は以上のことを手短に伝えたあと、こう話します。

「では一緒に検索しながら、データベースの使い方や、キーワードの発想法を覚えましょう。検索はコツをつかめばどんどん精度が上がります。同時に『あっ、こんな関連情報があった。

これは使える！』と知見が広がっていくのも醍醐味です。ちなみに図書館や司書を上手に使うと、調べる力は格段に深まりますよ」

▼つながりよりもかたまりを探す

専門情報には、何よりも正確性が求められます。憶測や孫引きがなく、根拠が確かであることも不可欠です。広い「つながり」を漠然とたどるよりも、精選整理された「かたまり」を探すほうが効率的だという特性もあります。

そういう条件を満たす専門情報の宝庫が、データベースです。

データベースとは、ある分野の情報を集め、使いやすく構造化した共有ファイルのことをいいます。情報一つ一つのタイトルや著者名、発表年月日、関連キーワードなどを秩序正しく要約、整理した情報識別基準「**メタデータ**」をつくって、検索や管理が簡単にできるようにしてあります。なお、後述する「**書誌データ**」もメタデータの類似概念です。

データベースは世界中に無数にあって選択に迷いますが、最も使いやすく頼りになるのは、各分野の「定番」でしょう。その分野の専門家なら誰でも知っているデータベースです。

専門外の方や一般の方には案外知られていないものなので、本書では主要分野の定番データベースを紹介します。未知の分野の検索は、既知の分野の検索よりも、はるかに多くの**ノイズ**

（不要なのにヒットした情報）やモレ（必要なのにヒットさせられなかった情報）に悩まされがちですが、定番を当たることで著しく改善されます。ざっくりとでいいので頭に入れておいてください。

データベースの内容は千差万別で、検索方法にもそれぞれクセがあります。特徴を知って使い分けることも大切です。たとえば本を探す時、「図書館の蔵書目録（これもデータベースです）だと目次まで検索することはできなかったが、別のデータベースを使うと簡単にできた」といったケースはよくあるのです。

特徴を知ると、複数のデータベースの長所を組み合わせたり、弱点を補い合わせるといった軽やかなサーチができるようになります。

ちなみに、グーグルだけの検索でも、二段構えの調べ方をすることで情報のドアが開く場合があります。たとえば「図書館Aの蔵書目録にB団体発行のレポート名を入力したら目的とする情報が得られたよ」「なるほど。じゃ、グーグルにAとBを入力しても同じように探せるんだ」といった一段構えではなく、まず団体Bのホームページに行ってから「刊行物」といったリンクを探すのです。

たったこれだけの手間で、ドアの向こうの広い世界に行けたりします。

▼データベースにお気に入りをつくる

定番データベースや便利な専門データベースをまとめて紹介する本が、かつては多数ありました。今やサイトの更新も早く、そんな本は新たに刊行されていません。そんな中で、日外アソシエーツがネット公開している「**図書館員が選んだレファレンスツール2015**」は役立つはずです。紹介数は多くありませんが、プロなら「いいね!」と膝を打つデータベースや参考書籍、インターネット情報源が並んでいます。

リンクが張られていないのが残念ですが、時間のある時につらつらと眺め、「これは重宝」という自分の「お気に入り」をつくっておくといいでしょう。

なお、データベースには無料と有料があります。一般的に、有料データベースは個人で購入するには高価です。普通は図書館などで使うことになります。

大学図書館には基本的な有料データベースがそろっていますが、契約の関係で一般の方はほとんど利用できません。使いたい有料データベースがある時は、もよりの公共図書館に導入状況を聞いてみましょう。仮に導入していなかったとしても、リクエストしておけば導入の可能性が高まります。

2 司書は検索のルートを豊富に知っている

▼情報よりも情報源が大切

検索では、初心者はもちろん手慣れた人でも突然アポリア（行き詰まり）に陥り、「どうして先に進めない？」と苦悶することがままあります。

そんな場合に司書がお勧めする打開策は、四つに集約できるでしょう。「複数の情報源で探す」「信頼できる情報源で探す」「複数のキーワードで探す」「思い込みを外す」です。一つ一つ説明していきます。

①複数の情報源で探す

現代では、多くの「情報」を知っているよりも、多くの「情報源」を知っていることのほうが大切になります。

登山では、多くのルートを知っていてベストを選ぶか、一つしか知らないルートで行くかは命に関わるでしょう。研究やビジネスにも同様のことがいえます。行き詰まったら情報源探しに立ち戻るのがお勧めです。

また、私たちには、自分に都合のいいデータばかり集めたくなるバイアスがかかりがちです。しかし、不都合な情報も検討しなければ、研究やビジネスに誤謬が忍び込むでしょう。最初にあらゆる客観的情報を示してから考えを述べてこそ、信頼性は高まります。「さあ買った買った！」と好都合な情報ばかりを巧みに並べる啖呵売《たんかばい》は人を楽しませる芸能であって、科学ではないのです。

せっかくの知的生産物が、「知見が狭い」「なんだか誘導的」などと思われてしまわないように、司書はできる限り多岐に及ぶ情報源を提供します。本書では第2章、第3章で、定番サイトから海外サイトまでハズレのない情報源を、使いこなし方とあわせて紹介します。

▼混沌から厳密性だけをすくい取る

②信頼できる情報源で探す

ハンガリー出身の作家アゴタ・クリストフは『悪童日記』で「作文の内容は真実でなければならない」と述べています。たとえば「おばあちゃんは魔女に似ている」と書くことは主観が混じるので不可であり、「人々は、おばあちゃんを魔女と呼ぶ」と書くべきだというのです。

定義が漠然とした「好き」「親切」といった言葉の使用も避け、事実の忠実な描写だけをすることを勧めています。[1]

研究やビジネスで使う情報には、このような厳密性が必須だと思ったものでした。

ところがインターネットは混沌としており、もたらされる情報は玉石混交です。

データベースにある専門情報ならまず安心ですが、生活情報を扱うサイトや、ＳＮＳ、ツイッターなどによる発信となると、厳密性は望むべくもありません。主観や感情、商業的な意図が多分に含まれますし、悪意のウソや扇動が隠れていることもあります。

とはいえ、生活情報やＳＮＳ情報をまったく無視するのも現実的ではないでしょう。ウラを取ることで怪しい部分をカットする使い方が妥当です。

第４章、第５章で紹介する専門サイトや学術サイト、情報の検証手法を活用して、信頼性を獲得してください。

▼キーワードは二の矢、三の矢が面白い

③複数のキーワードで探す

たった一つの最適なキーワードによって目的とする情報にまっすぐ達する、それが検索の理想だとも思えます。ある研究者も、東北帝国大学で哲学を講じていたドイツ人オイゲン・ヘリ

ゲルの『弓と禅』を例にそう語っていました。

日本で弓を学んでいたヘリゲルは、「当てようとしてこそ当たる」という西欧的思考と「当てようとする思いを捨てよ」という師の禅的な教えの間で葛藤します。ついにヘリゲルは師の力量を疑い、師は線香の灯りだけの闇の中で二本の矢を的中させる神業を見せて弟子を納得させるのです。[2]

「検索も似てません？　闇の中の情報にキーワードという矢が過たずヒットするのが理想。そこまでひらめきを鍛えられたら」と研究者は言います。個人的には大いに共感しました。

とはいえ、レファレンスカウンターで多様な検索に日々接していると、コトはそう純一無雑ではありません。

欲しい情報に一発でヒットせず、多くのキーワードを試す中で意外なお役立ち情報が見つかるのが、検索の面白さでもあるからです。「このデータのほうが使える」「関連情報によって発想が広がった、変わった」という例はとても多いのです。

二の矢、三の矢を放つことは、一発必中のウデを磨くと同時に、豊かな余慶の獲得につながります。だから司書は、最初のキーワードで「検索の目的を達した」と言う方にも「別のキーワードも試しませんか？」とささやきかけるのです。

いい検索は知識を改善する

ネコを得ようとして一発でネコが出てくる検索もいいのですが、ライオンやトラ、ヒョウが見つかって、「どれも役立つなあ」とか、「本当に欲しかったのは実はトラだと気づいたよ」となる検索も、いたく知性を刺激します。

いろいろな言葉を試しましょう。

森林について調べたいなら「キーワードは森林に決まってる」と速断せず、「山林とか樹林、山岳なら何がヒットするかな？」などと言葉を広げていきます。あるいは「ｆｏｒｅｓｔ」と英語に変えるだけで、「わっスゴ！　このグラフ」という驚きの海外データにぶつかるかもしれません。

「キーワードはA」と決めつけず、「B、Cかもしれない。Dの可能性もある。あるいはXとかZだったら？」と柔軟に考えることです。

もちろん、やみくもにキーワードを立てては、ノイズや無価値な情報に振り回されます。目的に沿った形でキーワードの発想を育てていく**ヨコ、タテ、ナナメ**の思考法を、第6章2項で詳しくお伝えします。言葉ひとつで検索結果が次々と変わり、自分の知識が改善されていく心地よさを体感してください。

▼人は自分の思い込みの中へ迷い込む

④思い込みを外す

レファレンスカウンターにいると、利用者の思い込み、覚え違い、うろ覚え、もの忘れ、誤解、誤認、錯覚、先入観など（以下「思い込み」で一括します）の多さに驚かされます。

私の経験では、本当に検索が難しくて本が見つからないケースは全体の一割くらい。ほとんどは利用者の思い込みによって見つかりにくくなっているのです。

「そうなんだ。だけど私は思い込みなんかしない。大丈夫」だと思うかもしれません。でも、福井県立図書館が公開している「覚え違いタイトル集」には、「大丈夫」ではない利用者の例が無数にアップされています。

こんな感じです（覚え違い？→こうかも！という順です）。

・男の子の名前で『なんとかのカバン』→『ハリー・ポッターとアズカバンの囚人』だった
・『忘れられない詩人の伝記』→『忘れられた詩人の伝記』だった
・『おくりびと　その後』→『それからの納棺夫日記』だった
・ホリエモンの本で『大きな家事』→松橋周太呂《しゅうたろ》『すごい家事』だった（著者のニックネー

ムが「家事えもん」）
・孫正義のことを書いた『安保』という本→『あんぽん　孫正義伝』だった
・『咲かれたところで開きなさい』→『置かれた場所で咲きなさい』だった
・『ねずみのはいしゃさん』→『歯いしゃのチュー先生』だった
・「おんだむつみ」で検索したら本が出てこない→恩田陸《おんだりく》だった

脚本家の向田邦子さんは、『荒城の月』の歌詞の一節「めぐる盃かげさして」を「眠る盃」だと思い込んでいたことを名エッセイに仕立てました。子どものころの私などは「工場の月」だと思い込んでいて、曲を聞くたびに、夜ふけの工場で飲酒にふける大人をイメージしていたものです。

このように思い込みは誰にでもあります。人は自分自身の心の中に迷い込むのです。

▼記憶は記録ではない

いったん信じて疑わなくなると、心理学でいう「認知のゆがみ」「認知バイアス」に陥り、正しい方向に戻りにくくなってしまいます。「思い込みなのに思い込みだと気づかない」「忘れたことも忘れている」状態になるのです。

行き詰まった時は、「これが正しい」「これしかない」「これはダメだ」といった考え方をいったんやめてみましょう。「もしかして思い込みかも？」と立ち止まるのがお勧めです。やっかいなのは間違うことではなく、間違いに気がつかないことなのです。

そもそも記憶は記録ではありません。変容した断片や印象にすぎないことがしばしばです。そう意識すると、検索の行き詰まりを打開しやすくなると思います。

私はレファレンスとはどんな仕事かを聞かれて、「利用者の思い込みをそっと外してあげる仕事です」と答えることがあります。

一人で検索する場合、思い込みを外してくれる司書はいません。そのため③の「複数のキーワードで探す」ことによって、思い込みに自力で気づくようにするのです。

3 司書は最も親切な助言者である

▼カーネギーはなぜ司書活用に熱心だったのか

司書の活用を、私は「情報の案内人」「創造の同伴者」「よき心理カウンセラー」という三つの面から推奨します。

アメリカの自己啓発作家デール・カーネギーは、「司書をぜひ活用してください」「図書館員が大きな助けになってくれます」と図書館通いを熱心に勧めた人物です。そこで、カーネギーの言葉をキーに説明しましょう。次のように言っています。

①レファレンスサービスを使って、司書に自分が必要とする情報を伝えます。テーマに関する書籍を探したり、論点の概要や主要点を教えてくれたりするでしょう。新聞や雑誌の縮刷版、百科事典、各種参考書なども紹介してくれます。それがあなたのツールになります。

②図書館に行ったら、素直に助けを求めてみましょう。[3]

①が「情報の案内人」としての司書活用の勧めです。

情報がオール紙だったカーネギーの時代、専門情報の検索はプロでないと困難でした。データベースが広まり始めた一九八〇年代に「サーチャー」という職業が登場します。当時のデータベースの中から要望に応じて情報を収集する仕事です。誰でもできそうですが、当時のデータベースには未整備が多く、サーチャーも訓練された人だけに許された職業でした。

二十一世紀に入ると、ネットと検索技術の飛躍的な発達によって、生活情報では誰もがサーチャーになれました。

しかし、専門情報では、なかなかそうはいきません。データベースはそれぞれコンテンツや使い方が異なるうえ、提供元の都合などでよく変更されるのです。「先月とはインターフェイスが違ってる。えーと?」「前は使えたコンテンツが使えなくなってる!」などと戸惑うことがしばしばあります。本書で「A」と紹介したデータベースが、ある図書館では「B」という名前で運用されているといったことも、ざらです（デジタル情報のリスクは106ページ、195ページも参照）。

司書はそういう変化にも通じているので、「このキーで全部の横断検索が可能になったんですよ」「契約変更のために使えなくなりました。でも、アメリカ発のもっとすごいデータベースが導入されました」といった具合に、広い視点から的確なアドバイスができます。

司書はカーネギーの時代から変わらない、使いでのある「情報の案内人」なのです。

▼未踏の分野は着想の宝庫

大学や企業の研究者にとって、司書は「創造の同伴者」でもあります。

研究者は自分の専門分野ではデータ探しの達人ですが、専門外では必ずしもそうではありません。一方で、研究の独創性を深化させるには、着想の宝庫ともいえる未踏の分野からも情報を横断的に集める必要があります。

それを手伝い、積極的な提案もするのが司書の役割の一つです。


毎日レファレンスをしていると、A先生の調査をしている時に「おや？　B先生が興味を持つかも」とピンとくる資料を見つけることがよくあります。なぜかA先生とB先生の専門が違う場合が圧倒的に多いのが特徴です。

歴史の専門家に経済学の最新研究を知らせる。社会学の研究者に文学雑誌で見つけたエッセイを渡す。そういうふうに異分野の資料を紹介すると、たいてい歓迎されます。歓迎の程度は、「参考になったよ」から「ひらめいた！」までさまざまですが、いずれにしても、いささかなりとも創造に関与できたこと、研究の同伴者になれたことを実感します。

これも、利用者の関心領域や研究の方向性などを熟知する司書であればこそできることでしょう。

なお、大学図書館の司書は利用者が研究者や学生に限られるので同伴者になりやすいのですが、公共図書館ではそうもいきにくいようです。公共図書館の利用者は、自分の興味や仕事に関心を寄せてくれる司書を積極的に探し、「かかりつけ医」のように持っておくのが一番だと思います（220ページ参照）。

▼見つからないのは存在しないからではない

②の「図書館に行ったら、素直に助けを求めてみましょう」という言葉は、司書を「よき心理カウンセラー」として活用するヒントにもなっています。

カーネギーがわざわざ「素直に」と言った理由の一つは、「検索くらい自分でできる」と過信して司書に助けを求めない人が、案外と多いからです。その結果、表層的な検索しかできず、「この情報は存在しないんだ」と誤解して機会を取り逃がしてしまうケースは、決して少なくありません。

図書館という金鉱から引き返す利用者の背中を見ながら、私は「惜しいなあ」とカウンターの内側で嘆いています。司書は依頼されればアクティブに働きますが、あくまで「受注産業」であることを知ってもらえればと思います。

図書館で何か困難を感じたら、とにかく司書に一声かけてください。

▼情報と「情」をいったん切り離す

カーネギーが「素直に」と言ったもう一つの理由は、利用者は意外と本心を語らないからだと思えます。

図書館は、さまざまな人が行き交うオープンな空間です。自分の状況や感情をあからさまに言えないこともあるでしょう。遠回りの言い方をしたり、無意識のウソが交じったりするのは仕方ないのです。

だから司書は、事務的な対応はしません。言葉を丸呑みせず、ウラをつかもうとします。ぶっそうな例ですが、あなたが司書だとして、「楽に自殺できる方法を調べてください」と依頼されたらどう答えるでしょうか。

「わかりました！　はい、これです」ではアウトだと思います。

相手が本当は何を望んでいるかを聞き出すのが先決です。危険な自殺願望に取りつかれているのか、難問を抱えて捨て鉢になっているだけなのか。

「ご依頼の理由も教えていただければ詳しく調べられます。病気とか失恋、事業の失敗などがありますが?」といった問いかけによって、司書は本心を聞き出そうとします。

「ある人が難病で、死にたいなんて言うんですよ」といった断片がつかめれば、「治療情報から当たりましょうか?」「治療費の公的支援のデータもあります」などと対応できます。

こういう時の「ある人」は利用者自身であることも多いのですが、そんな経験知は表情に出さず、本心の引き出し役に徹します。検索する前に、心理カウンセラーになるのです。するると、相手も自分の感情に対して客観的になれます。いわば情報と「情」をいったん切り離せるようになるのです。

そうやって人間関係が築かれると、利用者は本心をストレートに語るようになります。情報探しの正確さとスピードは、そこから加速度的にアップします。

新人だったころ、先輩から「利用者はウソをつく。疑ってかかれ」としつこく言われたものです。「疑え」とは、もちろん利用者をおとしめる言葉ではありません。「『五年くらい前の新聞で見た』と言われたら十年前までさかのぼれ。『毎日新聞で読んだ』と言われたら『サンデー毎日』もあわせて調査せよ」ということです。相手の思い込みや無意識のウソに巻き込まれることなくプロの判断力を保て、という教えになります。

4

司書の手もとには最新が常にある

▼最大ではないが最高のデータベースは司書

司書のアドバイスは総じて適切です。利用者にとって最大ではないものの最高のデータベースにもなれるでしょう。その力の源泉は、カンと先端性という二つです。

まず、カンです。

あらゆるプロと同様、司書もカンを磨くことでウデを上げていきます。

作家の阿刀田高さんは国立国会図書館の司書時代、整理部の分類係員として毎日、本に分類番号を書き込んでいたそうです。阿刀田さんは退職して半世紀近くたつ今でも「あのころの本たちが図書館の書庫で大小いろいろの分類番号を背負って潜んでいるだろう」と懐かしみ、たまたま借り受けた本に自分が書き込んだ分類番号があると、「おい、元気か」とつぶやいたりしているそうです。[4]

分野を問わず、多くのベテランが「そうだよねえ」とうなずく感覚でしょう。

私の入職直後の五年間は、年間約二万点におよぶ本の発注と受け入れでした。労働日数が二百六十日だったとして、毎日七十七冊の書名、著者名、出版社などを見ることになります。読まずとも、装幀や重み、匂いのある本の世界に身を浸す感覚がありました。

その後の五年間は目録の作成でした。目次と序文を読むようになり、「A出版社はこんな本も出すんだ」「著者のBさんはC先生と仲よしなのか」といった雑多な小ネタが蓄積され始めます。

利用者から情報を求められた時、バラバラな小ネタが頭の中で結びついて「そういえばあの本！」とスパークするようになりました。私のカンの原点は、このあたりのようです。

私とはスケールが鯨と鰯ほど違いますが、アップル創業者スティーブ・ジョブズは、スパークを「点と点が結びつく[5]」と表現しています。

ジョブズは米国リード大学中退後もキャンパスに居座って授業を聴講していました。その中にカリグラフィ（西洋書道）の授業があり、書体の美しさや使い方の貴重な知識を得ました。むろん単位にはならず、アップル創業当時の仕事にも役立たず、忘れてしまいます。

ところが十年後、初代マッキントッシュ（マック）の開発でフォントが問題になった時、その知識がよみがえったのです。

当時、パソコンのフォントなど顧みる人はいず、文字はギザギザでした。ジョブズは大学時代の知識を投入し、美しいフォントをつくりあげます。こうしてマックは、フォントの面でもイノベーティブなパソコンになったのでした。

今に続くパソコンの美しいフォントは、「大学中退」「カリグラフィ」「アップル創業」「マック」というバラバラな点が結びつき、スパークすることによってもたらされたのです。

▼直感を本で磨いてウェブで生かす

やがて私の仕事は、百万冊超の書籍が並ぶ書架の間を歩きながら、求められた情報が載っていそうな本を探すことに変わりました。

すると書架から「おーい、ここにいるよ」という声が聞こえる瞬間があるのです。声に従って本を引き出せば、情報が見つかったものです。何かが目の端に引っかかって無意識に足が止まることもあります。目の先にある本を引き出せば、やはり的確な情報が見つかりました。

かつての図書館には、知の重みが凝然と立ちこめる異界的な空気がありました。だから本が声を発したり、目に入ってくれるといった感覚が研ぎ澄まされたのでしょう。

図書館の本は、次章で述べるＮＤＣ分類によって整然と並んでいます。それでも百万冊超の書籍から要望に合った何冊かをサッと探すためには、知識や論理思考はあまり役立ちません。

カンや感覚、直観と呼ばれる力が必要です。

紙の本に長く接した司書ほど、その力が強いと私は考えています。

今、インターネットが「おーい」と呼びかけてくることはありません。グーグルはキーワードや一緒に検索されそうな言葉を「もしかして」と表示してくれて便利ですが、どこか機械的で十把ひとからげな扱いです。

でも、熟練の司書がいる図書館なら、グーグルやデータベースの便利機能にカンをプラスした個別対応をしてくれます。だから最強の検索ができるのです。

▼司書はスピードも提供する

司書の力の源泉は、立場的な先端性にもあります。

最先端の技術が広く一般化するまでには、時間差が存在します。

(a)最新技術はプロだけが使う寡占状態からスタートすることが多い

(b)やがて誰でも使える状態に成熟し一般化していく

この(a)と(b)のタイムラグは、時には何十年にも及ぶほど大きいのです。

たとえば、本書でひんぱんに扱うことになるデータベース「**日経テレコン**」がそうです。使い勝手にすぐれ、大学でも使用頻度がきわめて高い定番になっています。

ところが、そのように一般化したのは最近のことにすぎません。

私は図書館で、日経テレコンがパソコン通信だった一九八四年から利用していました。しかし、学内ではほとんど知られてもいなかったでしょう。(a)の段階です。

十年以上たった一九九七年、日経テレコンはウェブ上のサービスを開始しました。それでも使っている人はごく少数でした。(a)から進んでいません。

二十一世紀に入ると、大学が学内のどこからでも無料で使える設定にしました。ところが、これでも(a)の後期だったのです。利用者数が飛躍的に伸びるまでに、さらに十年近くかかったからです。

(a)と(b)には、実に二十五年あまりの時間差があったことになります。定番になるほどの素晴らしいデータベースが身近にありながら、無数の人が知りもせず、使いもしなかったのです。

年配の研究者から「日経テレコンを使い始めたよ。便利だね。研究効率もアップしそうだ」と言われたことがあります。私は「申しつけてくれさえすれば、二十年以上前にお教えできていたのですけど」と心の中で切歯扼腕したものでした。

(a)と(b)の時間差は縮まりつつあります。

それでも、情報の最前線にいるプロだけが使える技術は現在でもあるのです。そのプロは、図書館のカウンターにいます。ひと声かけるだけで誰でも情報の最新コンテンツを知り、人に先んじて使い始められるのです。

それが研究やビジネスをスピードアップする条件の一つになります。

時間にはスピード以外に、さまざまな顔があります。寝かせる時間を確保することで成熟する思想もあるでしょう。途方もない夢が、「○年○月までにやる！」と時間を決めることで実現したりします。

一方で私たちはいつも、人生には限られた時間しかないという現実に追われています。研究やビジネスにおける時間で最も求められるのは、スピードなのです。それも単なる拙速ではなく、「アウトプットの質が上がる」「手直しが発生しない」「持続可能な」早さでなければなりません。

「図書館利用者の時間を節約せよ」とインドの図書館学者ランガナタンは「図書館学五法則」で述べています[6]（193ページ参照）。司書は利用者に理想的なスピードアップを提供する仕事人でもあるのです。

第2章 ◎ 本の検索

基本はあらゆる本を探せること

1 本の整理法を知ると頭が整理されてくる

▼知りたいのか理解したいのかで調査対象は異なる

情報検索は、本探しを基本とします。本には専門情報が最も豊かにあるからです。

また、情報が一般に次のような時間的ステップを踏んで成熟していくことからも、検索の最重要地帯は本だといえるでしょう。

①テレビ、ラジオといったメディアが報じる

「報道」です。速報性がある半面、情報量が少なくこま切れになりがちだといえます。

②新聞、雑誌が報じる

「記事」です。翌日か数日後に新聞が報じ、一週間から数か月後に週刊誌、月刊誌などの一般雑誌が追います。

③学術雑誌が掲載する

「論文」です。調査や研究が進むと、学術雑誌に成果が発表されます。信頼性が高い半面、一

般の方には目につきにくく、扱いづらいかもしれません。

④書籍になる

「本」です。著者、編者が何年もかけて情報を知識、知恵に練り上げた成果であり、情報の全体像を系統的につかめるようになります。

⑤辞典や事典に載る

「定説」です。情報はさらに長い年月を経て①～④が選別され、ついには辞典や事典、教科書に載るような簡潔な記述になります。情報としての成熟を終えた形だといえるでしょう。

「世の中で起きていることを『知る』には新聞がベースになり、世の中で起きていることを『理解する』には書籍がベースになる」[1]と、元外務省主任分析官で作家の佐藤優氏が指摘しています。情報の時間的成熟を念頭に置いての言葉だと思います。

科学から芸術まであらゆる分野における人類の営みの精髄は、本の形で蓄積されてきました。そういう歴史性も本の強みです。

また、カテゴライズをしなければ世界はカオスですが、本は古くから系統的に分類され、探しやすくなっています。そういう扱いやすさも本の強みといえるでしょう。

▼本の分類法NDCの簡潔な構造

日本の本の分類法を「日本十進分類法」（NDC《エヌディーシー》）といいます。アメリカの図書館学者メルヴィル・デューイが創造した「デューイ十進分類法」（DDC《ディーディーシー》）を応用したもので、全国のほとんどの図書館が採用しています。本や本棚はNDCの順に並んでいますし、本の背表紙に貼られている「913・6／A31」といった記号ラベルもNDCに基づいているのです。

図書館には、NDCの詳細な冊子体『NDC日本十進分類法』が備えつけられています。新訂十版は二分冊にもなる量ですが、五十音順のインデックスからキーワードを検索すれば、目的の本のNDC番号をパッと知ることが可能です。

NDCは知を十に区分し、その一項目を十に分け、その一項目をまた十に分け、その一項目をまたまた十に分けていくという分類法です。理論的には無限に細分化できる革新的な方法でした。しかも構造は簡潔。学校でNDCを教わらなかった人でも基本構造を理解すれば、すぐに使いこなせるようになります。

NDCは、一次から三次までの三桁の数字を使えば十分なカテゴライズが可能です。四桁以上に細分化する場合は、三桁の終わりにピリオドを置くことになっています。

図2　**NDCの構造**

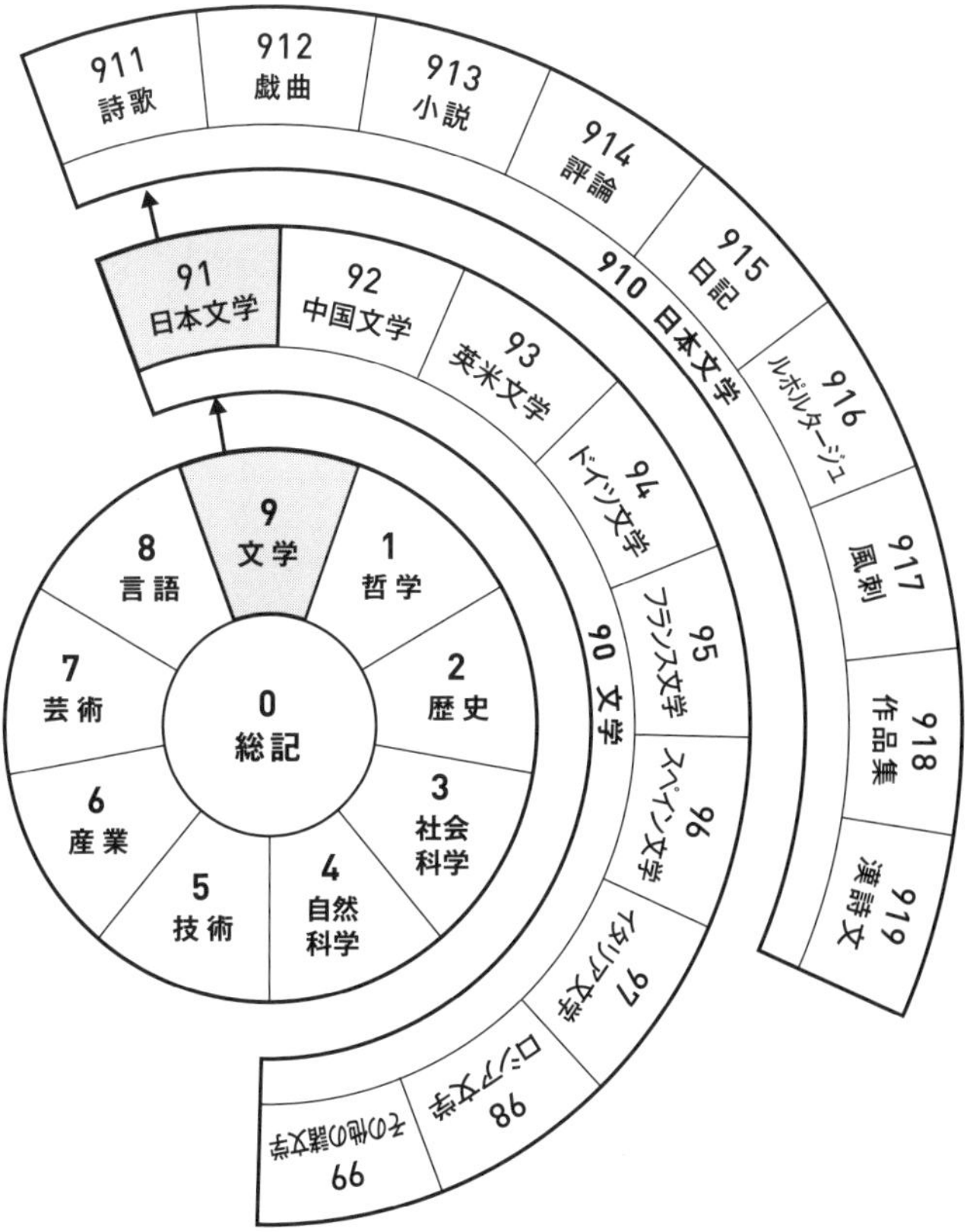

『日本十進分類法（NDC）新訂10版』をもとに作成（一部簡略化）

【第一次区分表】(類目表)
人類の知を十に分けます。
0総記、1哲学、2歴史、3社会科学、4自然科学、5技術、6産業、7芸術、8言語、9文学。
【第二次区分表】(綱目表)
その一つ一つを十に分けます。「9文学」なら、こうなります(一部簡略化)。
90文学、91日本文学、92中国文学、93英米文学、94ドイツ文学、95フランス文学、96スペイン文学、97イタリア文学、98ロシア文学、99その他の諸文学。
【第三次区分表】(要目表)
その一つ一つを十に細分します。「91日本文学」なら、こうなります(一部簡略化)。
910日本文学、911詩歌、912戯曲、913小説、914評論、915日記、916ルポルタージュ、917風刺、918作品集、919漢詩文。

先ほど例にあげた「913・6/A31」の意味が、これでほぼわかると思います。一段目の「913・6」がNDCに基づく分類番号です。
「9」は、知を十に分けた中の「文学」になります。「91」は、文学を十に分けた中の「日本の文学」です。「913」は、日本文学を十に分けた中の「小説」になります。

図3　NDCの第二次区分表

00	総記
01	図書館
02	図書
03	百科事典
04	雑著
05	逐次刊行物
06	団体、博物館
07	ジャーナリズム
08	全集
09	郷土資料
10	哲学
11	哲学各論
12	東洋思想
13	西洋哲学
14	心理学
15	倫理学
16	**宗教**
17	神道
18	仏教
19	キリスト教
20	歴史
21	日本史
22	アジア史
23	ヨーロッパ史
24	アフリカ史
25	北アメリカ史
26	南アメリカ史
27	オセアニア史
28	伝記
29	**地理**
30	社会科学
31	政治
32	法律
33	経済
34	財政
35	統計
36	社会
37	教育
38	民俗学
39	軍事
40	自然科学
41	数学
42	物理学
43	化学
44	天文学
45	地学
46	生物科学
47	植物学
48	動物学
49	**医学、薬学**
50	技術
51	建設工学
52	建築学
53	機械工学
54	電気工学
55	海洋工学
56	金属工学
57	化学工業
58	製造工業
59	**家政学、生活科学**
60	産業
61	農業
62	園芸
63	蚕糸業
64	畜産業
65	林業
66	水産業
67	商業
68	運輸、交通
69	通信事業
70	芸術
71	彫刻
72	絵画
73	版画
74	写真
75	工芸
76	音楽
77	演劇、映画
78	**スポーツ**
79	**娯楽**
80	言語
81	日本語
82	中国語
83	英語
84	ドイツ語
85	フランス語
86	スペイン語
87	イタリア語
88	ロシア語
89	その他の諸言語
90	文学
91	日本文学
92	中国文学
93	英米文学
94	ドイツ文学
95	フランス文学
96	スペイン文学
97	イタリア文学
98	ロシア文学
99	その他の諸文学

『日本十進分類法（NDC）新訂10版』をもとに作成（一部簡略化）

この図書館では四桁目まで分類しているようです。「913・6」は、小説・物語を、さらに十に分けた中の「明治以降の小説」です。

ちなみに「A31」は「著者記号」といい、その図書館における著者の並び順を表します。

▼目的の本と類書を一挙に集める

よく使うジャンルだけでいいので、NDCの第二次区分までを覚えておくと有益です。たとえば社会科学なら「政治31」「法律32」「経済33」「社会36」といった具合に暗記しておけば、求めるテーマの本が並ぶ書棚に直行できます。ふだん利用する図書館をさらに使いこなせますし、初めての図書館でも迷わず本にアプローチすることが可能です。

NDCを理解していれば、類書の発見も容易になります。目的の本を探しながら上下左右に目をやり、「やや? よさげな本がある」と手に取って読みふけったりするのは知的生産にもつながる楽しみです。

そのようにぶらぶら本を探すことを「**ブラウズ**」といいます。書店では多くの方がブラウズしながら本を探しているでしょう。書店の書籍分類は店ごとに違いますが、NDCはあらゆる図書館で共通なので、どこでも効率的なブラウズができます。

ウェブと図書館の聡明な使い分け

本の検索はウェブにキーワードを入力する方法が中心ですが、まずはＮＤＣによって紙の本を探す力をつけておきましょう。それが検索の基礎力にもなっていきます。

たとえば図書館の蔵書目録を電子化した「ＯＰＡＣ《オパック》」（59ページ参照）では、ＮＤＣのキーワードを組み合わせて本を検索できます。「政治３１から見た犯罪」「法律３２から見た犯罪」「経済３３から見た犯罪」という具合に絞り込めるのです。

また、ネット情報は膨大な玉石混交ともいえるため、厳選された資料がＮＤＣによって整然と並ぶ図書館で探すほうが早い場合があります。ふだんはネットで検索し、時には「これは図書館で調べよう」と使い分けるのが賢明です。

ＮＤＣやＤＤＣのように、テーマで掘り下げて情報を探す方法を「ディレクトリ型」といいます。インターネット登場当時は、ディレクトリ型検索サービスが多く採用されていました。

しかし、ネット情報の増え方は幾何級数的で、人の手によるディレクトリ型はすぐに継続不可能になりました。そして、より多くのサイトからリンクされているページをロボットが調べて上位に表示する「ページランク」方式が主流になっていくのです。グーグルも昔は「グーグルディレクトリ」というサービスがありましたが、今はロボット型のページランク方式です。

▼書誌データにも落とし穴はある

本は探しやすいのですが、落とし穴もあるので注意してください。

たとえば、伝奇作家「山田風太郎」の読みも、販元や事典は「ふうたろう」なのに、国立国会図書館の著者標目は「かぜたろう」で、研究の初心者を困らせたりしていました（現在は相互参照できるように改善されています）。

あるいは、タイトルとサブタイトルが入りまじって支障をきたすこともあります。

・紙の本の表紙のタイトル『図書館が危ない！　地震災害編』、サブタイトル「忍び寄る巨大地震！　被害を最小限にとどめる」

・ある図書館目録のタイトル『地震災害編：忍び寄る巨大地震！　被害を最小限にとどめる』

こんな具合に図書館についての本が災害関連本になったりするのです（サブタイトルは一部省略しています）。

本を探す時のキーになる著者名、タイトル、出版者といったデータを検索しやすく排列した文献目録を「**書誌**」といいます。書誌データの作成は人の手で行われます。そのため時にはミスや混乱も発生します。それはデジタル化によって拡散し、検索の落とし穴となるのです。

2 定番サイトだけで本の大半は見つかる

▼図書館のサイトOPAC

定番データベースには、自宅や勤務先のパソコン、スマホなどからフリーハンドでアクセスできる無料のものがあります。本を探す時の定番の中から、無料でありながら「これさえあれば十分」と思えるほどの機能と規模を持つデータベースを紹介しましょう。自在に使えるようになってください。

OPACと、**国立情報学研究所、国立国会図書館**が運営するサイトになります。

【OPAC《オパック》】（Online Public Access Catalog）

国立国会図書館（以下「国会図書館」と略すこともあります）、全国の公共図書館、大学図書館、学校図書館、専門図書館などがそれぞれに蔵書目録をデジタル化し、オンラインで公開したものです。つまり、OPACはほぼすべての図書館に存在します。図書館の蔵書を探すにはここを入り口にするのが一般的です。

使い方は簡単です。まず、自分の利用しやすい図書館のOPACサイトを開きます。図書館ごとにシステムが少し異なりますが、機能はだいたい同じです。次ページの図のように、簡易検索と詳細検索ができるようになっています。

本の書名や著者名が特定されていれば、それをキーワードに検索します。

事柄やテーマについて書かれた本を探す場合は、関係する言葉をキーワードとして入れてみましょう。何冊かの本がヒットするはずです。

結果に満足できなければ、使えそうな一冊をクリックして〈詳細情報〉のページに進みます。そこに表示される〈件名〉〈分類〉といった項目に注目してください。件名は本のテーマを簡潔に表現したもので、リンクが張られていれば、クリックすると同じテーマの本が探せます。件名に採用されているキーワードを新たなキーワードにして再検索するのも有効です。

OPACの分類は、たいていNDCに依拠しています。図書館に出向き、分類番号の書棚に行けば目的に沿った内容の本が並んでいますから、ブラウズしながら探してください。

なお、目次を表示していても検索対象にしていないOPACもあるので注意しましょう。有料ですが、日外アソシエーツが運営するデータベース「図書を探すBookPlus《ブックプラス》」だと、

図4　OPACのスタート画面の例

簡易検索画面

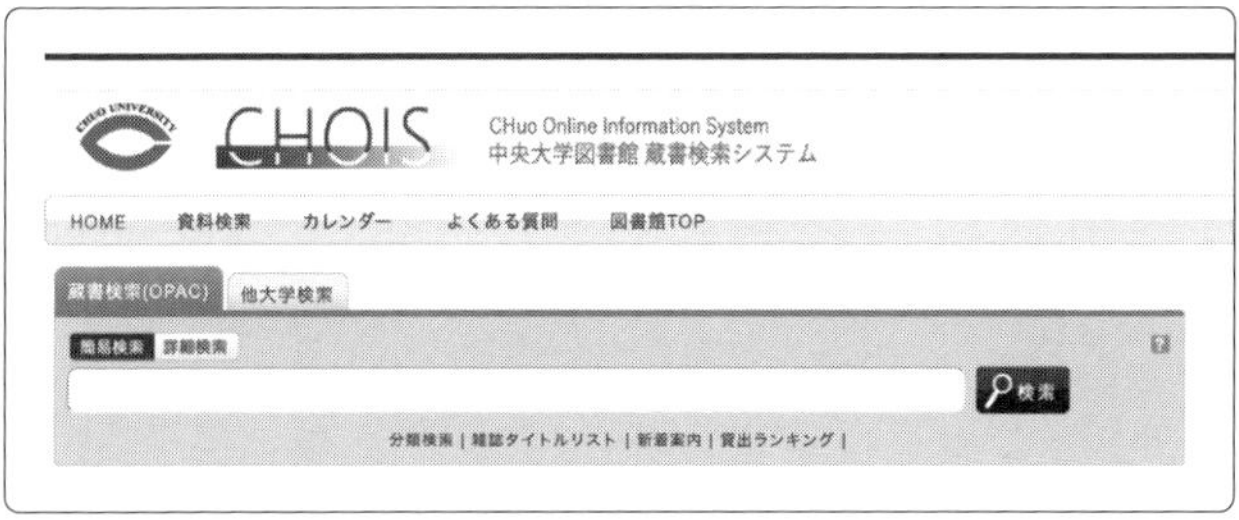

詳細検索画面

中央大学図書館OPACより作成

目次やあらすじといったレベルまで検索ができます。

▼国立情報研究所のCiNii、Webcat Plus

国立情報学研究所（NII＝National Institute of Informatics）が運営するデータベースを、CiNii《サイニィ》（Citation Information by NII）といい、三部門で構成されています。本の検索には主としてCiNii Booksを使いますが、互いに関連するので一括紹介します。

【CiNii Books《ブックス》】

全国の大学図書館の蔵書をまとめて検索できるサイトです。後述する国立国会図書館のサイトに比べて洋書が多いのを特徴とします。ただ、蔵書の一部しか登録していない大学図書館が結構あることを知っておきましょう。

【CiNii Articles《アーティクルズ》】

学術雑誌の記事や論文を検索できるサイトです。それ以外の一般的な雑誌の記事は「**大宅壮一文庫雑誌記事索引**」（95ページ参照）に当たりましょう。

【CiNii Dissertations《ディザテーションズ》】
博士論文を探すサイトです。最近の論文だと全文（フルテキスト）が読めるようになりつつあります。

国立情報学研究所は、エントランスを変えたWebcat Plusという検索サービスも運営しています。

【Webcat Plus《ウェブキャットプラス》】
「江戸の和本から今週の新刊書まで」を作品、人物などで整理しています。人間の思考のように関連情報を集める〈連想検索〉機能があるのが特徴です。

▼国立国会図書館のオンライン、サーチ、デジタルコレクション

国立国会図書館（NDL = National Diet Library）が運営するデータベースやサービスは、大きく三つに分かれます。

【国立国会図書館オンライン】（NDL Online）

国会図書館のＯＰＡＣです。所蔵する書籍や雑誌、雑誌記事などの資料を検索することができます。

出版物の発行者には、国会図書館に出版物を納入する「納本制度」という法的義務がありります。そのため国会図書館は国内で公刊された書籍のほぼすべてを所蔵しており、国立国会図書館オンラインによる検索は網羅性、完璧性がきわめて高いといえます。日本でどんな本が出版されたかを調べるのにも最適です。

【国立国会図書館サーチ】（NDL Search）

国会図書館の蔵書だけでなく、全国の公共図書館や大学図書館、公文書館、美術館や学術研究機関などの資料を統合的に検索できるサイトです。検索対象は雑誌記事情報や図書の目次情報などにも及び、広範なサーチができます。

【国立国会図書館デジタルコレクション】（NDL Digital Collections）

探している本が相当に古い場合も、画像で全文が読める場合があります。それがこのサイトで、コレクションには次の三つのタイプがあります。

①インターネット公開……一般公開されている

②図書館送信資料……契約図書館の特定端末だけで読める
③国立国会図書館限定……国会図書館に来館した場合だけ読める

①は一般の方でも無料で使えます。それに加えて②を使いこなせば、読める本の範囲がグッと拡大するはずです。契約図書館は「図書館向けデジタル化資料送信サービス参加館一覧」で検索すればわかります。もよりの図書館が未登録でも、登録希望を出しておきましょう。

▼便利なカーリル、ジャパンサーチ、ディスカバリーサービス

これらに準じる便利な二つのサイトと、ディスカバリーサービスを覚えておいてください。

【カーリル】
公共図書館の蔵書と貸出状況を、日本全国にわたって横断的に検索できる無料サービスです。地名を選ぶと、もよりの図書館を自動的に選択してくれる点も重宝します。アマゾンなどと連動しており、図書館にない本の情報も見られます。岐阜県の民間会社カーリルの運営です。

【ジャパンサーチ】
「国の分野横断統合ポータル」と位置づけられた無料サイトです。ＥＵのデジタルプラットト

フォーム「ヨーロピアナ（Europeana）」のいわば日本版です。

書籍、文化財、メディア芸術など多様なコンテンツをまとめて検索できます。二〇二〇年八月に公開されたばかりですが、これから定番化することが期待されます。

【ディスカバリーサービス】

特定のサイトではなく、全国の図書館それぞれが、蔵書や新聞、雑誌の記事、よく使われるデータベースなどを一つのインターフェイスで横断検索できるようにしたサービスです。

検索範囲は図書館によって違いますが、ワンストップで検索できる便利さから「次世代OPAC」と呼ばれることもあります。「検索のスタートはここから」と推奨する大学図書館も増えてきました。導入している図書館がまだ多くないのが残念なところです。

▼順序よく当たって検索モレを減らす

本探しのデータベースやサービスはほかにもたくさんありますが、むやみに当たるよりも定番のサイトで探したほうが効率的です。次のような順序で探せば、ほぼモレなく探し当てることができます。

①自分の利用しやすい図書館のOPACで探す

②思わしい結果が得られなければ、国立国会図書館オンラインを使って日本で入手できる本全体に視点を広げる
③特に大学図書館の蔵書を探したい場合は、ＣｉＮｉｉ Ｂｏｏｋｓで探す
④特に公共図書館の貸出状況まで知りたい場合は、カーリルを使う
⑤特に人物や作品によって連想的に探したい場合は、Ｗｅｂｃａｔ Ｐｌｕｓを使う

▼今ここにない本をＩＬＬで入手する

蔵書のありかがわかれば、現物を借りるか、現場で読むか、必要部分をコピーするかになります。いずれの場合も原則として蔵書のある図書館に出向かねばなりません。もよりの図書館に蔵書がない場合はちょっと面倒です。

そんな時は**ＩＬＬ**（InterLibrary Loan＝図書館間相互貸借）を利用して、もよりの図書館を通じて本やコピーを取り寄せましょう。

ＩＬＬは図書館同士の相互扶助システムです。図書館は、ほかの図書館から本を借りたり、コピーを実費で依頼できたりするのです。ただ、「コピーは著作権を超えない範囲で」といった条件がついたりしますので司書に相談してみてください。

国会図書館は個人へ館外貸し出しをしていませんが、図書館には貸し出すことがあります。

その場合も「貸出先の図書館外には持ち出せない」といった条件がつくので注意しましょう。ビジネスパーソンなどは国会図書館に利用者登録するのも手です。国立国会図書館オンラインの画面からコピーの発注ができ、自宅へ郵送されてきます。

目当ての本が大学図書館にしかない場合があります。私立大学の図書館は基本的に一般開放していないので、その大学に所属していないと蔵書を入手しにくいと思います。とはいえ、卒業生や地元市民に門戸を開くケースも徐々に増えています。所蔵大学図書館の「学外の方の利用について」のページでポリシーを調べてみてください。

ＯＰＡＣからリンクをたどって、デジタル化された本の内容まで行けるサービスが図書館に広がっていることも覚えておきましょう。著作権が切れた本なら、国立国会図書館デジタルコレクションで画像が読めるほかに、青空文庫（75ページ参照）がフルテキストをウェブ上に公開しています。これらにリンクを張っている書籍が相当数あり、該当すれば端末の画面で本文を読むことが可能です。

なお、古書で購入したければ「**日本の古本屋**」「**スーパー源氏**」といった古本検索サイトで探します。

3　行き詰まったら何を変えるか

▼サイトのトリビアルールに対処する

ＯＰＡＣやＣｉＮｉｉ Ｂｏｏｋｓでの検索途中で立ち往生する方が少なからずいます。

スタートの簡易画面で検索してヒットしすぎる場合は〈詳細検索〉をクリックして次の画面に進み、こまかな指定をしてみてください。

それでうまくいかない原因は、操作のちょっとしたコツを知らないことと、書誌を間違えて覚えていることがほとんどです。打開法を頭に入れておきましょう。

①操作のちょっとしたコツを知らない

ＣｉＮｉｉ Ｂｏｏｋｓで夏目漱石についての研究書を探しているとしましょう。

(a)スタートの簡易画面のキーワードボックスに「夏目漱石」と入力する

研究書もヒットしますが、夏目漱石が書いた作品もヒットして絞り込みが難しくなります。

(b)詳細検索画面の〈タイトル〉に「夏目漱石」と入力する

書名のどこかに「夏目漱石」と入っている本がヒットしますが、範囲が広がりすぎます。

(c)詳細検索画面の〈著者名〉に「夏目漱石」と入力する

漱石が書いた作品に限定されてしまい、研究書にたどり着きません。

(d)同じ画面の〈件名〉に「夏目漱石」と入力する

研究書がヒットするはずですが、ほとんどヒットしません。なぜなら「件名で人名を検索する時は『夏目』と『漱石』の間にスペースを入れるのがCiNii Booksのルールだから」です(2020年7月末現在)。つまり、「夏目　漱石」と入力すれば目的を達します。

「なあんだ。バカみたい。そんなトリビア知るわけないでしょ」と思うに違いありません。でも、このようなルールはシステムごとにこまかく決められており、クリアできないと本にたどり着けません。そしてプロ司書は、そんなトリビアを一つ一つ覚えているものなのです。

一般の方は、そこまで覚えなくても大丈夫です。「人名は姓と名の間にスペースを入れたり、逆に入れなかったりすることで、検索結果がガラリと変わる場合がある」とざっくり理解しておけば前に進めます。検索結果が妙に少なかったり多すぎたりする場合は、キーワードを変える前にスペースを入れたり取ったりしてみてください。

図5　**CiNii Booksのスタート画面**

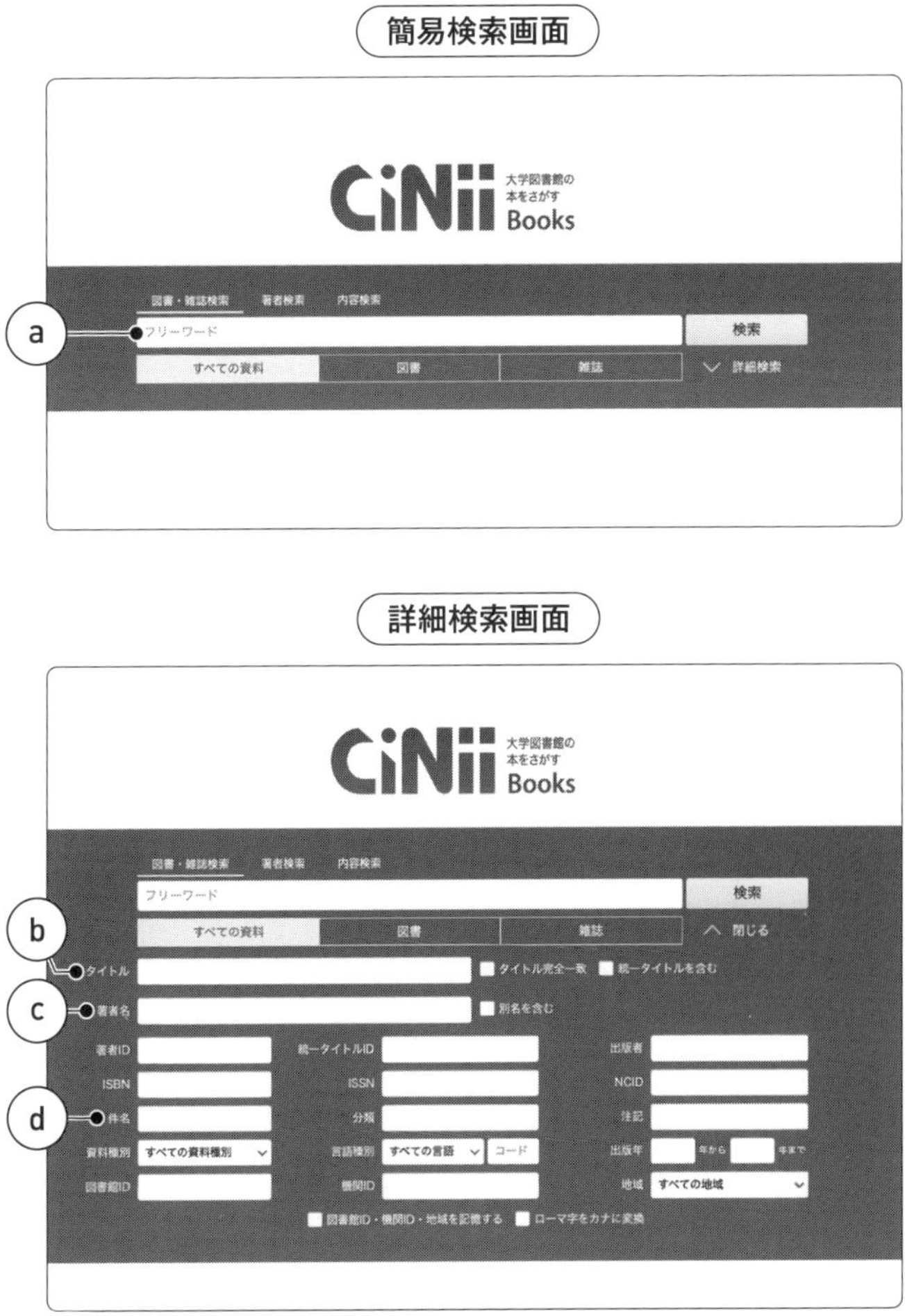

CiNii Booksより作成

たとえば挨拶に短い雑談をプラスすることで、人間関係が好転したりするものです。そういうちょっとしたコツは、さまざまな場面で結果を左右します。ウェブという一見オートマティカルな世界も、人間が基本設計をしている以上、コツが無数にあるのです。

そう知っておくだけで、行き詰まった時に「ああ（怒）ダメだ！」と投げ出すことなく「こんなことも試してみようか」と試行錯誤に移る余裕が生まれます。

▼自分の覚え間違いにも対処する

②書誌を間違えて覚えている

今度はOPACを例にします。『ぼくときみの故郷』という本を探そうとして何もヒットしない時は、書誌を間違えているかも？　と疑いましょう。

「ぼく　きみ　故郷」というように単語の間にスペースを空けるAND検索にすると、『きみとぼくの故郷』だった場合でも、たいていヒットします。

『僕と君の故郷』『ボクとキミの故郷』かもしれません。「故郷」の読み方が「ふるさと」であることも考えられます。そういう表記の異同や揺れ（176ページ参照）に対応するには「ぼく　きみ　こきょう」「ぼく　きみ　ふるさと」のようにオールひらがなで入力してみます。OPACのメタデータは通常、書名や著者名の読みで入力されているので、ひらがな入力が効果的なことが多いのです。

書名のよくある間違いに「事典」と「辞典」がありますが、それも「じてん」と読みで検索すれば、ほとんど解決します。

グーグルに慣れていると、「グーグルなら『もしかして　きみとボクの故郷？』と聞いてくれるのにOPACは聞いてくれない」と不満を感じることがあります。でも、OPACは入力した通りに検索するデータベースですから、そんな便利機能を期待してもムダです。

また、「グーグルではキーワードを多く入力するとヒットしやすくなるけど、OPACはそうじゃないみたい」と思う方もいるでしょう。その通りです。OPACでは書名や著者の一部といった「これだけは確実」と思える断片的な情報を、ANDやORでかけ合わせて探すほうが検索効率が上がります（ANDやORの使い方は181ページ参照）。

キーワードはデータベースの性格に合わせて使い分ける必要があるのです。使い分けは経験的に身についてくるものなので、あせらずにやりましょう。

▼たとえば文学作品の初出を探す時

文学作品の探し方にもコツがあります。文学作品はOPACですぐには見つからなくとも、実際にはなんらかの形で所蔵されていたり閲覧できたりするケースが多いので、あきらめずにじっくり探すのが正解です。

太宰治が一九四〇年に発表した短編小説「きりぎりす」を例にしましょう。

ＯＰＡＣで「きりぎりす」とだけ入力すると、当然のことながら『バッタ・コオロギ・キリギリス大図鑑』や『アリとキリギリスの日本経済入門』といった本もヒットしてしまいますから、「きりぎりす　太宰治」と、ＡＮＤ検索をします。

検索した図書館のＯＰＡＣで「きりぎりす／太宰治著／新潮文庫」などとズバリのものが見つかれば、それでオーケーです。

ＯＰＡＣによっては「この愛のゆくえ／中村邦生編／岩波書店」といった、「何これ？」とスキップしたくなる項目が並ぶ場合もありますが、短慮は禁物です。詳細な書誌データを見ましょう。すると、『この愛のゆくえ』に、「きりぎりす／太宰治」が収録されているのがわかります。「あきらめなくてよかった」と口元がゆるむ瞬間です。

文学作品の場合、初出に近い版を探したいことがあります。ＯＰＡＣで満足な結果が得られなかったら、軽やかに気分を変えてウィキペディアで調べてみましょう。

「太宰治」で検索すると、「きりぎりす」は雑誌『新潮』昭和十五年十一月号が初出で、翌年に実業之日本社から発行された『東京八景』に収録されたことが簡単にわかります。学術情報としては信頼しにくいウィキペディアも、こうした予備知識を得るのなら有用なのです。

ここでOPACに戻り、「新潮」あるいは「東京八景／太宰治／実業之日本社／昭和十六年」を探します。単に「新潮」ではヒット数が多くなりすぎるので、タイトルの**完全一致検索**（186ページ参照）をするのがお勧めです。

この年代の雑誌や本は、そうそう見つかりません。プロ司書の力を借りたほうがいいでしょう。「雑誌『新潮』は復刻版のマイクロフィルムを探せば見つかります。『東京八景』は日本近代文学館の『名著初版本復刻太宰治文学館』シリーズを探してみてください」といった答えが迅速に得られるはずです。

年代の古いデータはOPACでも不完全なことが多く、別の手段で全集や雑誌の内容を調べてからOPACで検索し直すといったワザが必要な局面が増えます。司書にひと声かけるのが頭脳プレーというものです。

▼青空文庫をうまく使う

「太宰治が使った語彙を調べている。検索のためのデジタルデータが欲しい」という方もいるでしょう。「サラッと目を通すだけでいい」という場合もあります。

そんな時は、「青空文庫」を検索するのもお勧めです。

青空文庫は著作権が消滅した作品や著者が許諾した作品をボランティアがテキストデータ化し、誰でもアクセスできるようにしたインターネット図書館です。特定のキーワードを探すなどの使い方ができ、縦書きにして読むことも簡単にできます。

「太宰治　きりぎりす」とグーグルに入力すれば上位に青空文庫がヒットし、意識せず全文に行きついていることもあるものです。

国立国会図書館デジタルコレクションも調べましょう。「太宰治　きりぎりす」と検索すれば、画像が閲覧可能なことがわかります。

現代は、情報を見つけながら「情報の見つけ方」も簡単に身につけられる幸せな時代だと思います。かつてのオール紙の時代は、見つけ方を身につけるのは容易ではありませんでした。蔵書の検索には厚い紙の目録をめくり、遠方の蔵書を知るために電話やファックスをしたものです。私も「あると信じれば見つかるわけではないが、あると信じて探さなければ見つからない」を信条に東奔西走しました。

今の便利さには昔日の感があります。ウェブに慣れた今、検索が少しでもモタつくとイラッとしてしまいますが、そんな時は昔の大変さを思い出して気を取り直すようにしています。

4　洋書探しを遅滞なく進める

▼タイトルの冠詞には注意する

日本の図書館などで洋書（原書）を探す場合を見てみましょう。

和書の場合と同じようにOPACやCiNii Booksを使うのが基本です。

ただ、外国語（圧倒的多数である英語とします）ですから、使い勝手は微妙に異なる点もあります。タイトルで探す場合ですら意外な問題が出たりします。

きちんとタイトルを入力しているつもりなのに検索結果が妙に多かったり少なかったりしたら「ストップワード」を意識してみましょう。ストップワードとは、検索の的確性を高めるためにキーワードから外す語のことです。英語なら「the　of　by　is」などが、日本語なら「は　の　です　ます」などが該当します。

ストップワードは、英語の検索では重要です。特にタイトルで問題なのが冠詞でしょう。

雑誌の例になりますが、イギリスの著名な経済誌『Economist』の検索でも、ある中央官庁の所属を名乗る方と次のような電話のやりとりを経験したことがあります。

「『Economist』を閲覧させてほしい。お宅ならあるだろう」

もちろん所蔵していますが、私の勤務先は東京の郊外にあり、官庁のある霞が関からの来館は不便です。

「都心でも所蔵館は多いはずです。CiNii Booksを検索しましたか?」

「やってみた。だけど最初の検索画面から〈詳細検索〉に入って、〈タイトル〉に『Economist』と入力したら二千五百件近くヒットしてしまってね」

そこで、簡単な絞り込み方法である「完全一致検索」と、正確な検索に必要な「正式名称の入力」を伝えて再検索してもらいました。

「通常は〈タイトル〉に『Economist』と入力したあと〈雑誌〉ボタンで雑誌に限定し、〈タイトルの完全一致〉にチェックをすれば絞り込めます。でもそれでは日本語版の『エコノミスト』しかヒットしないでしょう」

「?」

「完全一致検索は正式名称で入力しなければならないからです。実は英語版の『Economist』は『The Economist』が正式名称なんです」

「そうか。冠詞をつけるんだね。あれ？　まだ七件ヒットするけど」

「その程度に絞れたら『四百館以上が所蔵している、これだな』といったご判断ができると思います。そのあと、詳細画面の〈すべての地域〉から、図書館の所在地を利用しやすい都道府県に限定しましょう。お近くの図書館の所蔵がわかりますよ」

これで解決を見たのでした。


ストップワードを知らないと、「The Economist」でないとヒットしないとは考えにくいでしょう。最初にウィキペディアなどで冠詞の有無を含めた本の正式名称を確認してから検索するのが第一です。

なお、ストップワードの扱いはデータベースごとに違っていて、外さないほうがいい場合もあるので注意してください。

▼ＩＳＢＮによる一発検索を覚える

こんなややこしいことで手こずらないように、ＩＳＢＮ《アイエスビーエヌ》（International Standard Book Number）という個別番号から探すのもいい方法です。わかっていれば検索窓の「ＩＳＢＮ」欄に入力するだけで、目的の本を一発で見つけることができます。

ＩＳＢＮは国際的に統一された一冊一冊の本の識別番号です。ある程度知られた本であればウィキペディアで調べられます。

紙の本におけるＩＳＢＮの記載場所は、洋書の場合はタイトルページの裏側が多く、日本の場合はたいてい奥付か本の裏表紙です。たとえば本書のＩＳＢＮは、裏表紙のバーコードの下と奥付の一番下、裏表紙側のオビの一番下と三箇所に入っています。

同じように雑誌も**ISSN**《アイエスエスエヌ》（International Standard Serial Number）から探すことが可能です。ＩＳＳＮは有名な雑誌ならウィキペディアに記載されていることもあります。ちなみに『Ｅｃｏｎｏｍｉｓｔ』のＩＳＳＮは００１３－０６１３です。

論文を探す場合は、一つ一つの論文につけられた識別番号である**DOI**《ディーオーアイ》（デジタルオブジェクト識別子）を使うのもお勧めです。最近の理系の論文にはほぼすべてにつけられています。文系の論文にも急速に普及していくでしょう。

ＩＳＢＮやＩＳＳＮによる検索は欧米では標準の一つですが、わが国では図書館、書店、出版関係者以外ではまだあまり知られていないのが残念です。

▼翻訳書の有無を確かめる

洋書に関して気になることの一つに翻訳書の有無があります。

翻訳作品は、ＯＰＡＣで原タイトルの横文字を検索すれば大部分がヒットします。原著名や複数の作品が入っている本の各作品タイトルなどからも検索できるのが普通です。

ただ、古い翻訳作品だと詳細な情報が入力されていない場合があることを頭の片隅に入れておいてください。古い翻訳作品は、個人全集や「世界名作全集」といった全集に収録されていたりします。最近の翻訳なら全集に入っているものもＯＰＡＣで探せますが、古い翻訳はデータが不完全で探せないことがしばしばあるのです。

そこで便利なのが、日外アソシエーツが刊行してきた参考図書を分野別に提供する「**レファコレ〈日外レファレンス・コレクション〉**」です。メニューの中に「翻訳図書目録」があり、作品のタイトルや著者名から、どの全集や作品集に収録されたかが簡単にわかります。

▼海外の図書館をサーチする

国内の図書館で見つからない洋書は、ワシントン大学図書館とか大英図書館といった海外の図書館などをサーチすることになります。難しく感じるかもしれませんが、次の三つの無料の定番データベースを知っておけばまず大丈夫です。

【ワールドキャット】（WorldCat）

世界最大規模の書誌情報を持つデータベースです。海外の図書館の蔵書探しはここからスタートするのが常道だといえます。

大学図書館の多くは契約版のワールドキャットを提供しており、より緻密な検索が可能になります。利用できるならそちらを使うほうがいいでしょう。

本の取り寄せは、もよりの図書館で相談してください。海外の図書館からも、ＩＬＬによって本の現物やコピーを取り寄せることができます。コピーは料金の支払いがややめんどうですが、最近はＰＤＦで送ってくれるケースが増えており、時間は大いに短縮されました。

運営はアメリカのＯＣＬＣ《オーシーエルシー》です。一九六七年に米国オハイオ州の大学図書館間ネットワークとして設立されました。日本からも早稲田大学ほか数校がデータを登録しています。

【ハーティトラスト】（HathiTrust）

数多くの本や雑誌のフルテキストが登載されているのが特徴です。全文検索ができるので著者と使用語彙の関係を調べるといった学術的な使用に適しています。

規模もワールドキャットと並ぶほど大きく、また、著作権が切れたコンテンツは誰でも自由に読める「パブリックドメイン」として一般公開されているので、ＣｉＮｉｉ Ｂｏｏｋｓにデータがあればリンクをたどって読むことが可能です。

コンテンツの多くは大規模データベース「グーグルブックス」（204ページ参照）のプロジェクトでデジタル化されたものなので、相当数が重複しています。

アメリカの大学図書館が二〇〇八年に設立したデータベースで、現在も図書館関係団体の運営です。日本からは慶應義塾大学などが蔵書の一部を電子化して提供しています。

【インターネットアーカイブ】（Internet Archive）

古いウェブページのコピーを大量に集めたサイトです。しかし、昔の本や雑誌も大規模に登録されており、アクセスしてみる価値があります。

著作権が切れていれば閲覧できますし、そうでないものも利用者登録すれば一部の本や資料をネット上で借りて読むことが可能です。

▼有料データベースでとことん調べる

海外にある本をとことん探すには、図書館に出向いて有料データベースも使うのがお勧めです。有料データベースは「挿絵から検索できる」「キーワードの関連をこまかく指定できる」といった独自の検索機能を持っており、ピンポイントの検索が可能になります。

たとえば「十九世紀以前の英語で出版された本を調べる」場合には、こんな有料データベースがあります。

「初期英語書籍集成データベース」（EEBO《イイボ》）
「18世紀英国・英語圏刊行物集成」（ECCO《エコ》）
「ゴールドスミス・クレス両文庫所蔵社会科学系学術図書データベース」（MOMW《モム》）

この三つだけで電子ブックの数は合計四十万点にも達します。ちょっとした公共図書館の蔵書に匹敵する量です。データベースの情報量がいかに巨大かがわかるでしょう。

こうした有料データベースを導入している図書館はまだ少数です。でも確実に増えており、うまく探して使いたいものです。たとえばEEBOは、もよりの図書館になくても国立国会図書館に出向けば利用できます。

こうした個別事情は司書ならだいたいつかんでいますし、わからなくても調べてくれます。図書館に出向いたら、なんでも司書に聞いてみてください。

第3章◎記事と論文の検索

新聞・雑誌を発想の鍵の束に使う

1 新聞検索で関心の限界を突破する

▼イモづる式で思考のバランスを保つ

「新聞は『人間の問題』を扱い、週刊誌は『問題の人間』を扱う[1]」という意味のコピーを見て、同じマスメディアでも関心の領域はかくも異なるのだと改めて思ったことがあります。

私たち個人にも関心の領域があり、領域外の情報にはつい目が向かなくなりがちです。放置すると知的生産性が上がらなくなり、考え方のバランスが悪くなる恐れがあります。常に領域を広げようとする工夫が大切です。

「イモづる式情報術」が有効だと思います。情報Aに接したらAで紹介されていた本Bを読み、次にはBがふれていた人物Cについて調べるというやり方です。つるをたぐってイモを次々と収穫するように興味が興味を呼び、自然と広汎な情報を俯瞰できるようになります。

紙の新聞が主流だったころは、多くの人がこれを無意識に実行していました。「隣の見出しに興味を惹かれた」「ふと目に入った記事が役に立った」といったことです。

しかし、デジタル化された新聞では困難になりました。「いいじゃん。ニュースはネット配信で十分」と言うスマホ世代の人もいますが、配信はユーザーの好みに偏るため視野が狭くなりやすいことが指摘されています。

時には図書館に出かけて紙の新聞や縮刷版をめくり、イモづる式を試みましょう。全国紙だけでなく中日新聞や西日本新聞、河北新報といったブロック紙、あるいは地方紙にまで目を通すと「新ビジネスが生まれたんだ」「面白い人物がいる」といった発見があるに違いありません。

業界紙、専門紙に手を広げるのもいいと思います。種類が多く、あれこれ選んで読めるのは大きな図書館に限られますので、まず全体を総覧できるリスト本で当たりをつけておくのがスマートです。

それには『仕事に役立つ専門紙・業界紙』（吉井潤　青弓社）がうってつけでしょう。約四百の業界紙、専門紙が分析されています。また、『雑誌新聞総かたろぐ』（メディア・リサーチ・センター編、刊行）は非売品やフリーペーパーまで網羅した一千八百ページ近い便利本です。惜しくも二〇一九年版で休刊になりました。

▼メモで情報の「ツテ」を広げる

新聞データベースも活用しましょう。一般に購読されている電子版の新聞では年代の古い新聞を読めませんが、主要紙にはアーカイブ系のデータベースがあり、創刊号から最新号に至るすべての記事を閲覧できます（産経新聞は一九九二年以降のみ）。

新聞データベースには朝日新聞の「**聞蔵**《きくぞう》**Ⅱビジュアル**」（以下聞蔵）、読売新聞の「**ヨミダス歴史館**」（以下ヨミダス）、毎日新聞の「**毎索**《まいさく》」、産経新聞の「**産経新聞データベース**」などがあります。使い勝手がいいのは日本経済新聞社の「**日経テレコン**」でしょう。日本経済新聞だけでなく、全国の主要紙が検索可能です。人物・人事情報も充実しています。

いずれも大半の大学図書館が備えていますし、最近は提供する公共図書館も増えています。これをＣｉＮｉｉやＯＰＡＣと組み合わせてイモづる式情報収集を心がけるのです。

コツは「人物メモ」を取ることにあります。私たちはキーワードをテーマで考えがちですが、人名からのアプローチも有効です。テーマについての情報や知見を得られるのはもちろん、周辺領域にも関心を広げることができます。

①まず新聞データベースでテーマを検索し、コメントしている学者や識者を見つけてメモする

②次にＣｉＮｉｉやＯＰＡＣでその人の論文や著作を探す
テーマと重ならなくても、「面白い」「何かに役立つかも」と感じるコメントを見つけたら、発信者名をメモしておきます。そして、時間のある時に著作を探したり雑誌のインタビュー記事を検索したりするのです。意外な着想や企画を得られることがあります。

テレビの報道番組や特集などで「おっ！」と思う発言をしていた人もメモしておきましょう。情報の「ツテ」が広がります。
①②を、いわば②①②の順に行う方法もあります。本や論文をＣｉＮｉｉなどで探して思わしい結果が得られない時（②）、新聞データベースでコメントしている学者や識者を見つけてメモし（①）、その論文や著作をＣｉＮｉｉなどで再検索する（②）のです。
さまざまなキーワードから全文検索ができる新聞データベースだからこそ可能なイモづる式といえます。

▼新聞にも言葉グセは大いにある

新聞記事を検索する時は、三つの落とし穴に注意してください。

①見出しのほとんどが略語
最高裁判所は「最高裁」、入国管理局は「入管」と短縮されます。時の総理大臣も〇〇首相

という個人名でなく、「首相」とだけ記述されることが多いものです。
公益法人がん研究会の略称「がん研」は商標登録されているため、国立がん研究センターは「がん研」ではなく「がんセンター」と略すといったややこしい場合もあります。

②独特の言葉づかい

「T市で二年前にあった大火事の記事が欲しい」と言われ、「大火事」「火事」「火災」で検索してもまったくヒットせず困ったことがありました。記事に使われた言葉が、「失火」「全焼」だったのです。

最高裁までもつれ、「S事件」として広く知られるようになった埼玉県S市の女子中学生殺人事件の記事リストを要望された時も同様でした。「中学生」「女子」では初期の記事がヒットしなかったのです。ようやく発見した記事で使われていた言葉は「少女」でした。

③人名の表記

オーストラリアの歴史学者テッサ・モリス＝スズキ氏が好例でしょう。ファーストネームのテッサは略されることが多く、モリス＝スズキも「モーリス鈴木」と表記されたりします。実際、「彼女が二〇〇一年四月に朝日新聞に寄稿した記事がヒットしません」と相談された時は、あれこれ試した末、ようやく「モーリス鈴木」でヒットしたのでした。

人には誰でも言葉グセがあるものですが、新聞にも言葉グセがあることを意識しましょう。

▼キーワードを「ずらす」技術

古いデータにはさらに注意が必要です。こんな例もあります。

明治三十七年十二月、百貨店の三越は有名な「デパートメントストア宣言」をし、翌年一月、新聞各紙に全面広告を打ちました。それを調べてほしいと依頼され、「デパートメントストア宣言」で検索したところヒットしなかったのです。

最近の新聞データベースでは広告は検索対象ではありませんが、明治のころの広告は検索対象になっている場合もあります。そこで「デパートメント」「デパートメントストア」「デパートメント・ストアー」などで検索してみました。それでもヒットしません。

「これはキーワードをずらす（周辺に移動させる）ほうがいい」と直感し、「三越」で当該年の新聞を丹念に探してようやく見つかりました。

実は、右の「デパートメント」などは検索語になっていなかったのです。さらに、広告には「デパートメント、ストーア」と表記されていました。「デパートメント」が検索語になっていたとしても、やはり探せなかったのです。

こういうことはしばしばあるので、キーワードをずらしながら検索してみましょう。

企業や団体の名称変更も考慮してください。三越なら江戸期の創業以来、「越後屋」→「三井呉服店」→「三越呉服店」→「三越」と変遷しています。

地名や国名も変わります。目的の記事の年代が古い場合は検索対象の沿革をまず調べてから着手したほうが効率的です。

データベースの側も徐々にではありますが、名称の変更に対応しようとしています。たとえばフランスの芸術家ジャン・コクトーは、かつて「コクトオ」と表記されていて、「えーと、この場合はどっち?」と困ったものです。でも、今では「聞蔵」でも「ヨミダス」でも「コクトー」で検索できます。データベースが名称を整備したのです。

メディアの中で私は新聞を最も重視しています。

フランスの経済学者トマ・ピケティは、新聞などのメディアが販売収入も広告収入も落ち込んで弱体化していることに危機感を募らせているようです。「メディアは次第に、ポケットに大金を詰め込んだ大富豪のものとなっていき、多くの場合、情報の質や独立性がその犠牲となる[2]」と厳しい言い方をしています。

しかし、かつて「社会の木鐸」と称された新聞は倫理規範も確立しており、不確かなネット時代にはますます求められる存在になっていると思います。経営は厳しいのでしょうが、正確で責任ある報道を維持してもらいたいものです。

2　今ここという枠を雑誌で取り払う

▼雑誌検索と雑誌記事検索は別物

刺激的な情報が得られるメディアに雑誌があります。

種類は無数といっていいでしょう。一般誌と学術誌に大別されますが、一般誌だけでもジャンルは娯楽、報道、コミックなどさまざまです。テーマとなると趣味、ビジネス、ファッションなどさらに多様で、一つのテーマが、趣味なら釣り、園芸、将棋などと際限なく細分化されていきます。刊行形態も週刊、月刊、季刊などがあり、創刊、休廃刊も多数です。一般に出回りにくい同人誌や企業誌に貴重な情報が含まれていたりします。

そのように多彩なので、三つある定番データベースのどれで探すかが大事です。「学術誌ならＣｉＮｉｉ Ａｒｔｉｃｌｅｓ、一般誌なら大宅壮一文庫雑誌記事索引、時には国立国会図書館オンライン」と覚えておきましょう。

紙の時代、雑誌記事の検索には『雑誌記事索引』という冊子体が強力無比なツールでした。

全国の主要な雑誌の記事や論文が索引化され、キーワードや著者名で探すことができました。レファレンスカウンターに『雑誌記事索引』を広げて一緒にキーワードを考えれば質問が解決することも、しばしばありました。国会図書館が作成しており、信頼性も抜群だったのです。

今、『雑誌記事索引』はCiNii Articlesや、国立国会図書館オンラインに引き継がれています。雑誌記事の検索も、図書館検索の長い歴史に裏づけられたこの二つのデータベースを使うのが常道です。ただ、一般誌、大衆誌に関しては、有料ながら「大宅壮一文庫雑誌記事索引」に抜群の利便性があります。

なお、「雑誌」を探すことと雑誌の「記事」を探すことは別なので、一般のOPACでは記事検索はできません。OPACはあくまで雑誌や本をタイトルから探す場です。

▼出番が多いのはCiNii Articles

【CiNii Articles】（2022年4月よりCiNii Researchに引き継がれる）

対象はほぼ学術雑誌です。機関リポジトリ（149ページ参照）の情報と国会図書館の雑誌記事索引などを収録しています。論文にはタイトル、執筆者名、掲載雑誌の名、巻号、刊行年月日、ページといった書誌情報が明記されており、快適に検索できます。

雑誌がデジタル化されている場合はリンクが張られていて、ウェブ上で論文のフルテキストを入手できます。最初の検索画面に〈本文あり〉というボタンがあり、そこでヒットする論文はＣｉＮｉｉ、もしくは連携サービスに本文があるのです。

ただ、海外、特に英米では学術雑誌の多くがデジタル化されているのに対し、日本はデジタル化が遅れています。そのためリンクが張られていない論文のほうが多い状況です。リンクのない論文は紙の雑誌に当たることになります。図書館で司書に相談しながら探しましょう。

【国立国会図書館オンライン】

学術雑誌の原則二ページ以上の記事や論文が採録されています。デジタル化されているデータには〈デジタル〉というボタンが表示され、コピーや閲覧が可能です。

国立国会図書館オンラインは国会図書館のＯＰＡＣですが、「ＯＰＡＣで記事索引もできるんだ」と誤解しないでください。これは『雑誌記事索引』を引き継いでいる国立国会図書館オンラインだけの例外なのです。もっとも、一般のＯＰＡＣもさまざまなデータをワンストップ検索できる方向に進化しており、やがてはＯＰＡＣで記事検索が可能になるでしょう。

▼世相をつかむには大宅壮一文庫雑誌記事索引

【大宅壮一文庫雑誌記事索引】（Ｗｅｂ　ＯＹＡ‐ｂｕｎｋｏ）

『暮しの手帖』『SPA!』『女性セブン』といった大衆的な一般誌の記事を探す時に威力を発揮するのが大宅壮一文庫雑誌記事索引です。ジャーナリストの大宅壮一が収集した膨大な雑誌コレクション「大宅壮一文庫」を基盤とし、明治時代の雑誌の一部も含まれています。

大きな特徴が二つあります。

一つは、独自のシソーラス（同義語や関連語を整理した語彙集＝175ページ参照）に基づいたキーワードがふられていることです。政治家や芸能人の名前、著名な事件やヒット商品といったネタで検索するにはもってこいでしょう。年度ごとの人名・件名の索引ランキングがあり、世相の動きもつかめます。

もう一つは、必要と判断された記事は短くても採録されていることです。採録にジャーナリスティックな眼が働いているので検索しやすく感じられます。大宅壮一が「僕は面白いと思うんだが、君はどうかね？」と問いかけているのかもしれません。

大宅壮一文庫雑誌記事索引は有料のため、導入している図書館で利用することがほとんどです。導入していない図書館でも冊子体の『大宅壮一文庫雑誌記事索引総目録』を所蔵している場合があり、少し古い記事ならそちらから探せます。

かつて大宅文庫はジャーナリストや編集者が日参する面白情報のメッカでした。最近は利用者が減っているようですが、一般誌の分野でこれほどすぐれた雑誌記事索引は見当たらず、ぜひ進化してほしいと願っています。

▼有料データベースを使い分ける

いろいろな有料データベースを利用できる環境であれば、使い分けの範囲も広がります。科学技術文献は「JDreamⅢ《ジェイドリームスリー》」（運営ジー・サーチ）を使いましょう。MagazinePlus《マガジンプラス》（運営日外アソシエーツ）も広範な分野をカバーしています。

明治、大正、昭和前期の雑誌は、雑誌記事索引集成データベース「ざっさくプラス」（運営皓星社）を探すのが定番です。

なお、「日経BP記事検索サービス」（運営日経ＢＰ社）と「東洋経済デジタルコンテンツライブラリー」（運営東洋経済新報社）では、それぞれ登載されている記事や論文の全文からキーワードを検索することもできます。

新聞や雑誌の記事は本や事典に比べて新鮮さが重視されます。今日は「まだ知らないの？」と珍しがられても、明日は「まだ言ってるの？」と飽きられてしまう。そんな消費されやすい情報を多く扱うだけに、時代性、欲望、人間くささが記録されていて発想の豊かな引き出しになります。とらわれがちな「今、ここ」という枠を取り払ってくれる面白さがあるのです。

3 海外雑誌を着想の引き出しに加える

▼グーグルスカラーから入るのが王道

海外雑誌の記事や論文の検索には二つの特徴が見られます。

一つは利用のほとんどが学術目的であること（そのため本項では「記事や論文」を「論文」で一括します）、もう一つは前述のように情報の多くがデジタル化されていることです。

そんな特徴から、「データベースを使う前にまずはグーグルで調べてみよう」と考える学生が多くいます。

それでOKなのですが、普通のグーグルだと世界中の情報を探しに行くので雑多な情報が大量にヒットし、絞りにくくなる場合があります。学術を対象としたグーグルのサービス「**グーグルスカラー**（Google Scholar）」から入るほうがいいでしょう。

これを使っても絞り込めないようなら図書館に行き、データベースを使って対象を電子ジャーナルの学術論文に限定します。

グーグルスカラーの検索窓の下には「巨人の肩の上に立つ」と書かれています。物理学者のアイザック・ニュートンが使ったことで知られる言葉です。私たちが先人よりも遠く広く見渡せるのは、私たちのほうがすぐれているからではなく、積み上げられた先人の業績の上に立って世界を眺められるからだ、という意味を表しています。「先人の積み重ねた業績に基づいて創造、発見する」という謙虚な態度と、自己の人類史的な役割を忘れるなということです。

▼使いやすい一般的な定番サイト

電子ジャーナルの記事を探すには、二つの入り口があります。

①一般的なデータベースを使う

②分野ごとの定番データベースを使う

とりあえずのスタートなら、幅広いジャンルの学術雑誌が多数収録されている①の一般的なデータベースを当たるのがいいでしょう。

有料無料を問わず、規模が大きく使いやすい次の四つがお勧めです。

【ProQuest《プロクエスト》】（検索無料、全文閲覧有料）

世界最大級の学術情報全文データベースです。人文社会科学、自然科学、医学、工学などあらゆる学術領域の文献情報を収録しており、全文または書誌抄録情報を得られます。運営はアメリカのプロクエスト社です。

【EBSCO host《エブスコホスト》】（検索有料、全文閲覧有料）

アメリカの情報提供会社EBSCOは数多くの分野別データベースを提供しており、EBSCO hostは、そのポータルサイトになります。

【JSTOR《ジェイストア》】（検索無料、全文閲覧有料）

アメリカの非営利団体が運営している電子図書館です。学術雑誌のバックナンバーなどが収蔵されており、多数の全文検索が可能になっています。収録雑誌数が絞り込まれているので、定評ある雑誌の論文のみを探したい時に向いています。

【Science Direct《サイエンスダイレクト》】（検索無料、全文閲覧有料）

数多くの学術雑誌を発行している最大手の出版社エルゼビアが運営するサイトです。それだけに、たくさんの学術雑誌にアクセスできます。エルゼビアはオランダの出版社で、本書には今後もしばしば登場しますから、記憶にとどめておいてください。

▼利用可能な分野別データベースを調べる

より詳細なデータが欲しい方や専門的な研究者は、②の分野ごとの定番データベースを使うのがいいでしょう。アメリカではデータベースがよく整備されていて、分野ごとにすごい定番が無数にあります。

特に有名な無料の定番サイトを一つだけあげれば、「MEDLINE《メドライン》」（Medical Literature Analysis and Retrieval System On-Line＝139ページ参照）でしょう。世界で最もよく使われる生物医学系データベースといわれています。

そうした海外のデータベースを数多く導入しているのが国立国会図書館です。東京本館か関西館の近くに在住であれば、出向いてください。

利用可能な専門データベースは、次の手順で調べられます。

国会図書館ホームページのトップから、〈東京本館〉または〈関西館〉→〈データベース等（館内限定）〉→〈主なデータベース〉→〈欧文のデータベース〉

地方在住の方は、有料の海外データベースを使うのが少し難しいかもしれません。導入している公共図書館がほとんどないからです。基本的なものなら、県立図書館などで使えるようになってほしいものです。

なお、たいていの大学図書館は独自のセレクトで海外のデータベースを導入しているので、大学に所属する方なら利用は簡単です。

▼論文のランキングがわかる二大サイト

論文を扱う時は「どの論文がより有力か」というランクがしばしば必要になります。ランクは「ほかの論文にどれくらいの頻度で引用されたか」で決まります。引用頻度が高いほど、影響力が強く有力だと見なされるわけです。

これを調べるのに便利な世界最大級の抄録・引用文献データベースサイトは、次の二つになります。

両方ともランクづけに特化しており、論文そのものは登載されていません。それでも、大学関係者や研究者には必要不可欠なデータベースです。ランクの利用価値は高く、世界大学ランキングの指標にもされています。

【Web《ウェブ》 of《オブ》 Science《サイエンス》】

米国の大手情報企業トムソン・ロイターから分離独立したクラリベイト・アナリスティクスが運営するサイトです。

かつては世界随一の引用文献データベースでした。たとえばトムソン・ロイターはＷｅｂ ｏｆ Ｓｃｉｅｎｃｅの情報に基づいてノーベル賞の受賞者予想を毎年発表していました（現在はクラリベイト・アナリスティクスが継承）。また、グーグル創業者ラリー・ペイジはサーチエンジン・グーグルの中核技術であるページランクのアイデアをここから得たという説もあります。スタンフォード大学院生時代にＷｅｂ ｏｆ Ｓｃｉｅｎｃｅの前身となった冊子体を使っていて、引用頻度の高い論文が重要という考え方になじんでいたからです。

【Scopus《スコーパス》】

前述のエルゼビアが運営するサイトで、収録対象誌の多さを特徴とします。Ｗｅｂ ｏｆ Ｓｃｉｅｎｃｅの収録誌のうち数百タイトル以上がＳｃｏｐｕｓでは未収録だったりしますので、二つは覇を競いながら相互に補完し合う関係ともいえるでしょう。

なお、エルゼビアやトムソン・ロイターといった民間情報企業が巨大な力を持つと、問題も生じて当然です。それについては第7章で詳述します。

▼電子ジャーナルについて心しておきたいこと

電子ジャーナルに関連して、特に大学図書館の利用者が、恵まれた環境ゆえに陥りがちな勘違いがあります。ここで注意を喚起しておきたいと思います。

電子ジャーナルは無料公開されているものもあるものの、ほとんどは有料で販売されています。購入しているのはほぼ大学図書館です（実際には大学ですが「図書館」で代表します）。なのに、利用者の中には「電子ジャーナルは無料で読める。有料で購入する必要などないのでは？」と勘違いする人が少なからずいるようなのです。なぜでしょうか。

かつて電子ジャーナルにアクセスするには、いちいちＩＤやパスワードの入力が求められ、とても不便でした。それを解消するために、二つの改善がなされました。

一つは、「ＩＰ認証」です。

図書館が電子ジャーナルの購入契約をすると、出版社のサーバーに、図書館のネット上の住所のようなものがＩＰアドレスとして登録されます。するとＩＰアドレスの中からのアクセス要求は、ＩＤやパスワードなしで許可されるようになるのです。これがＩＰ認証です。

大学図書館で誰でも無制限に電子ジャーナルを読めるのは、すべての端末がＩＰアドレスの中にあり、ＩＰ認証がなされるからなのです。

もう一つは、「**オープンアクセス**」（197ページ参照）です。

オープンアクセスとは論文に無料でアクセスできる仕組みです。今では電子ジャーナルの多くが、この潮流に乗るようになりました。

この二つによって、電子ジャーナルの利便性は飛躍的によくなったのです。

▼図書館の見えない恩恵に気づく

ところが、困った勘違いも二つ生まれました。

一つが「無料」の勘違いです。自由にアクセスできるのは「ＩＰ認証がなされているから」なのか「オープンアクセスだから」なのかの見分けがつきにくくなり、紙の雑誌では見えていた「図書館が有料で買っている」という事実が隠れてしまったのです。

たとえば、グーグルスカラーから論文単位で検索してリンクをたどって閲覧できるのは、オープンアクセスで無料公開されているからなのか、図書館が有料契約しているからなのか、ほとんど意識されません。

でも、オープンアクセスが広がっているとはいえ、実際には有料の場合も多いのです。なんでも無料と勘違いしてしまうのは、ＩＰ認証の知識がないからにすぎません。

もう一つの勘違いは「論文がリンクされていない。電子ジャーナルを図書館が購入していないんだな」と誤解して、閲覧をあきらめる方がいることです。図書館の入り口ページから当該雑誌を収録したデータベースにアクセスして検索し直せば、閲覧できることが多いと知っておきましょう。

電子ジャーナルは突然使えなくなる場合があります。「アクセス先のＵＲＬ変更」「バージョンアップに端末ソフトが対応しない」「契約上の制約」「出版社の都合」などの理由です。それらを避けるために図書館は契約前に内容を精査し、導入後も定期的にチェックをしたりしています。

このように図書館が周辺を管理しているから、情報が快適に閲覧できているのです。

大学図書館は、初心者でも電子ジャーナルを簡単に読める工夫もしています。ＯＰＡＣに電子ジャーナル名を登録してリンクをたどれるようにするとか、データベースを横断的に検索できるディスカバリーサービスを導入するといったことです。

大学図書館の利用者は、こういった見えない恩恵を意識の隅にとどめておくほうがいいと思います。そうでないと、大学から離れるなど環境が変わった時に、「今までできていたのに、なぜ？」と、立ち往生しかねないからです。

第4章◎領域別の検索

不慣れな分野を効率よく調べる

1 武器になる統計を探す

▼公的統計と民間統計では入り口がまるで違う

レファレンスカウンターに寄せられる質問を分野や領域で見ると、最も多いのは数字です。次が人物と企業。あとは横並びですが、法律や医療が比較的多い印象を受けます。本章では、それらの分野、領域別に検索法を説明します。

まず数字です。中でも「統計が欲しい」という声が目立ちます。

洗練された言い回しやエッジの立った言葉だけでは、信頼は得られません。具体的な数字による事実の示し方が研究やビジネスの核心になり、オリジナリティにもなります。

たとえば「大増加！」は主観にすぎず、「七％の増加」でも今イチで、「七％の増加。業界平均は〇・五％なので大増加といえます」と統計を入れてこそ説得力や客観性が出るものです。

数字はそれほど重要なのに、「全然見つからない」「そもそもどんな統計があるのか」といった質問が後を絶ちません。

そこで、統計に絞って話を進めましょう。

余談ながら「看護婦の母」ナイチンゲールはすぐれた統計学者でもありました。クリミア戦争における兵士のおもな死因が戦死よりも衛生悪化による病死だったことを証明するために、統計学を駆使したのです。独創した「コウモリの翼」といわれるグラフを武器に、軍隊の衛生から民間住居に至るまで問題改善を推し進めました。その功績によりナイチンゲールは後年、米国統計協会から名誉会員に推薦されています。[1]

統計は、そんな昔から武器として重用されてきたのです。

統計は官庁による公的統計と、民間の団体や会社による民間統計に大別されます。どちらを調べたいのかによって用いるサイトが違うのが特徴です。

公的統計は整然と管理されていてネット公開も進んでいます。総務省統計局が運営する無料サイト「ｅ-Ｓｔａｔ」を検索すれば、ほぼすべてを調べられるでしょう。

それに対して民間統計はネット公開が進んでいません。冊子体での入手が困難な場合も少なからずあります。

「見つからない」「統計があるのか」といった質問の多くも民間統計に集中しています。横断的に調べるのも難しいので、まずは「統計の調べ方」を知ることから始めるのが近道です。国立国会図書館が運営する無料サイト「リサーチ・ナビ」が詳しく教えてくれます。

▼e-Statは政府統計の総合窓口

【e-Stat《イースタット》】

日本政府が調査した近年の統計のほぼすべてを見られる「政府統計の総合窓口」です。普通にキーワードで検索するほか、統計の分野や作成した組織からもアプローチできます。分野は企業・家計・経済、農林水産業、鉱工業などに分かれており、組織は内閣府、経済産業省、農林水産省などに大分類されています。

〈統計データを活用する〉機能を使えば主要な統計をグラフで見たり、地図上で表示したりすることが可能です。データはＥｘｃｅｌ、ＣＳＶ、ＰＤＦ形式などでダウンロードできます。

図書館に出向いてe-Ｓｔａｔを使う時は、ちょっとしたワザで時間を短縮しましょう。まず「総合統計書」か「参考図書」の棚に行きます。総合統計を示すＮＤＣ「３５」で始まる本が並んでいるはずです。そこから『日本統計年鑑』『世界の統計』『日本長期統計総覧』といった総合統計書の任意の一冊を手に取ります。

探したい統計そのものがなくとも、近い数字を目次から探せばＯＫです。その掲載ページを開くと、数字のもとになった原典統計名が、「資料」「ｓｏｕｒｃｅ」という名称でどこかに小

図6　e-Statとリサーチ・ナビのスタート画面

e-Stat

リサーチ・ナビ

e-Statとリサーチ・ナビより作成

さく載っています。その原典統計名からe-Ｓｔａｔなどを検索するのです。

回り道のように見えますが、実際は近道になります。

ウェブだけで検索するよりも、「紙の本とウェブを組み合わせたほうが早い」「紙の本で探すほうが網羅的に目を通せる」「図書館に出向くほうがムダがない」場合があることは、くり返し強調したいと思います。

▼民間統計の「調べ方を調べる」リサーチ・ナビ

【リサーチ・ナビ】

「統計を調べる方法」を知る時に力を発揮するサイトです。欲しい統計データを得るために最適のサイトや本を、広い視野から絞り込めます。研究やビジネスのスタート時点で、これからやるべき調査全体の見取り図を書くのにも有用です。

トップページに次の二つの入り口があり、目的に応じて選べます。

①検索窓

検索窓に目的とする単語と「統計」を入力します。「企業　統計」「選挙　統計」といった具合です。単に「統計」と入力して統計全般を調べてもいいでしょう。

後者の場合は〈調べ方〉が何千件も表示されますが、基本となる調べ方は上位に並ぶので、そう迷わずに選択できます。

上位にくる〈統計を調べる〉〈総合統計〉などの中から、トップの〈統計を調べる〉をクリックしてみましょう。〈統計の調べ方：基礎編〉〈地域に関する統計〉〈人口に関する統計〉などが出てくるので、目的に合った項目をクリックすれば、それぞれの詳細にたどり着くことができます。

②分類項目

トップページはいくつかに分類されており、そこから詳細に入っていくことも可能です。「調べ方案内」なら〈全般〉〈社会科学〉〈自然科学〉〈人文科学〉などに分類され、それぞれが細分化されています。

あるいは「テーマ別データベース」も〈参考図書紹介〉〈目次データベース〉〈企業・団体リスト情報〉などに分類されています。

この二つだけでも、目的に合った調べ方を見つけられるでしょう。ほかにも〈専門室のページ〉〈国立国会図書館のデータベース等〉といった窓があって効率よく使えます。

▼統計局サイトと統計図書館

二つのサイトの威力を補完するために、総務省統計局のサイトや統計図書館についても知っておきましょう。

【総合統計書】

総務省統計局のサイトのページです。

先に紹介した〈日本統計年鑑〉〈日本の統計〉〈統計でみる都道府県のすがた〉〈世界の統計〉といった広い分野をカバーする統計が紹介されています。最新版がネット上で閲覧でき、データを各統計書のページからダウンロードすることも可能です。それらを見て、探したい統計に近いものがあれば、出典の原本を見てみましょう。

そこに探したい統計とズバリ同じデータがあることは少なくありません。

【統計図書館】

総務省統計局が運営する図書館で、東京都新宿区にあります。

現地に出向いて調べることができますし、電話やメールでの質問も受けつけています。ホームページの〈よくある質問〉の〈統計データFAQ〉にアクセスしても、使える統計を分野別につかむことが可能です。「国民経済計算」「貿易・国際収支・国際協力」「環境・災害・事故」といった分類になっています。

▼外国の統計はグーグル併用も便利

外国の統計は、どう調べればいいのでしょうか。

日本の公的統計がｅ-Ｓｔａｔでまとめて調べられるように、外国の公的統計も各国政府の統計機関のサイトから探せます。ｅ-Ｓｔａｔには〈統計関係リンク集〉→〈外国政府の統計機関〉のリンクが用意されており、各国の統計局に簡単に行きつけます。

各国の統計局のスタートページは、その国の公用語になっているものです。でも、右上あたりを注意深く見れば「Ｅｎｇｌｉｓｈ」というボタンがあり、そこをクリックすれば英語表示に切り替えられます。

ただ、日本のｅ-Ｓｔａｔが網羅的すぎてそう簡単には使いこなせないように、外国の統計局のトップページに行けても、そこからの検索が難しい場合があります。そんな時はキーワードと「統計」をグーグルに入力するほうが、目的の情報に行きやすいかもしれません。

過去十年のイギリス総選挙の結果を調べたいなら、「ｓｔａｔｉｓｔｉｃｓ　ｖｏｔｅ　ＵＫ」で探してみましょう。イギリス統計局のホームページが上位にくるはずです。

ツボは選挙結果も統計ととらえ、ｓｔａｔｉｓｔｉｃｓ（統計）という単語を使うことです。このあたりはヨコ、タテ、ナナメの発想法（175ページ参照）を活用してください。

▼関連統計も網羅したいなら

日本の統計を調べる時もグーグルにキーワードと「統計」を入力する人が多いと思います。「失業率　統計」「統計　食費」といったやり方でも総務省統計局のページなどが上位に出るので、「とりあえずのデータで十分」「一～二種類の数値で間に合う」などの場合はＯＫです。

しかし、「詳細なデータが欲しい」「経年変化が見たい」「関連統計を網羅的に知りたい」といった場合は、ｅ－Ｓｔａｔとリサーチ・ナビが断然お勧めです。

なお、網羅的に統計を探す時に使いやすい『データ＆Ｄａｔａ　ビジネスデータ検索事典２０１２』（日本能率協会総合研究所マーケティング・データ・バンク編、同研究所刊行）という本がありました。

かつて統計探しのスタートは、いつもここからでした。「これを調べるなら、この資料を見よ」と、キーワードから一発で正確に教えてくれたからです。外食チェーン店の出店動向なら「日本フランチャイズチェーン協会の『フランチャイズチェーン統計調査』を見よ」、不登校の生徒数なら「文部科学省の『学校基本調査報告』を見よ」といった具合です。

残念ながら二〇一二年度版を最後に出版されなくなりました。

2 人物情報で見識を高める

▼WhoPlus《フープラス》と日経テレコンが二大サイト

「A氏の業績を知りたい」「Bについて研究している人を探したい」といった人物調査も、レファレンスカウンターに多く寄せられる依頼です。「ヘッドハンティング候補者の情報を」「C社営業部長の略歴は？」といったビジネス上の要請もあります。

人物をデータだけから見抜くことはできませんが、会った印象で決めつけるのも危ないものです。人物情報をエントランスにして理解を徐々に深めていくのが常道であり、人物眼や見識を高めることもできます。

代表的なデーターベースは二つあります。「人物を探すＷｈｏＰｌｕｓ」と、日経テレコンの「人事検索」です。ともに有料なので図書館で調べるのがリーズナブルでしょう。

【人物を探すＷｈｏＰｌｕｓ】

日本最大級といえる人物情報データベースです。歴史上の人物から現在活躍中の人物までが幅広く収録され、日本人だけでなく外国人も調べられます。職業、活動分野、肩書き、あるいは出身地や出身校などを組み合わせて検索したり、著作物や執筆記事をキーワードにリサーチしたりすることも可能です。

人物・文献情報データベースWHOとレファレンスツール『人物レファレンス事典』が搭載されており、プロフィールだけでなく、その人物について書かれた本や記事の情報（人物文献）を効率よく探すこともできます。運営は日外アソシエーツです。

【日経テレコン「人事検索」】

対象を現役のビジネスパーソンや政治家に絞った人物情報データベースです。全国の上場企業や未上場有力企業の役員クラスの情報、中央官庁、政府関係機関、審議会、経済・業界団体、都道府県の幹部職員、国会議員、県議会議員などの情報が収録されています。

日本経済新聞社が運営しているので、多くの企業における最新の人事異動情報を調べられるのも強みです。業種、本社所在地、出身大学などを組み合わせて、より的確な検索をすることもできます。

図7　WhoPlusと日経テレコン「人事検索」のスタート画面

WhoPlus

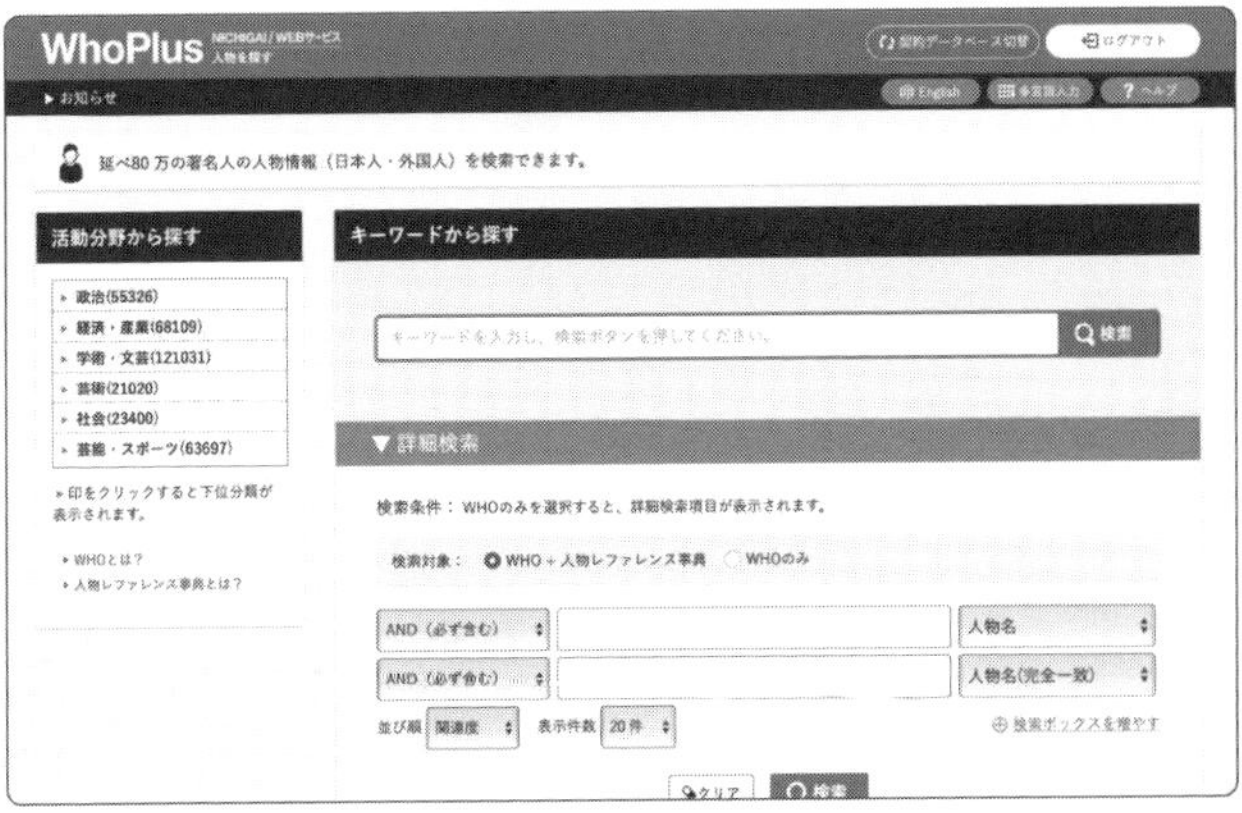

日経テレコン「人事検索」

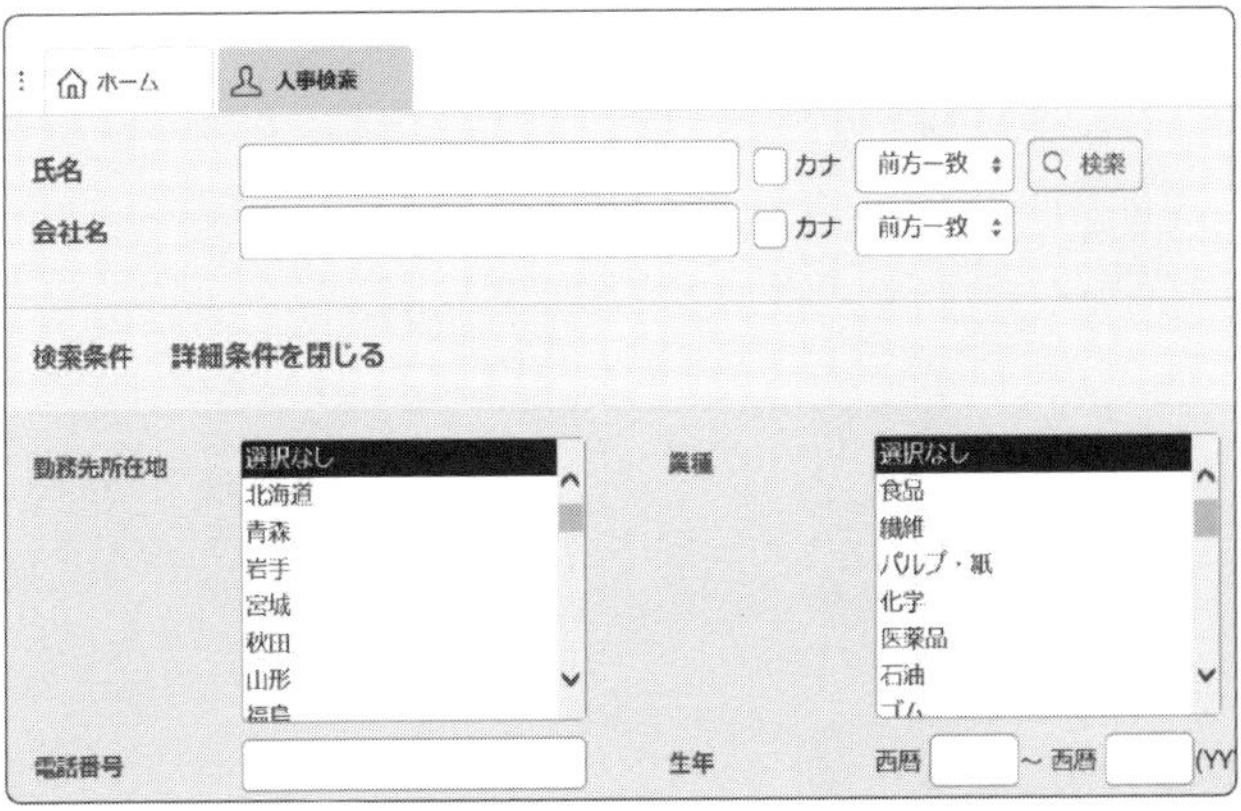

WhoPlusと日経テレコンより作成

ある程度の著名人ならウィキペディアでもヒットしますが、前述の二つのデータベースは、ウィキペディアでカバーしていない人物まで幅広く調べられます。

アプローチの方法も多様です。たとえば、ＷｈｏＰｌｕｓに収録されている「人物レファレンス事典」シリーズは、多数の人名事典のどれに、その人物が載っているかを調べるツールです。事典名がわかれば、それをＯＰＡＣで検索すればよく、たくさんの事典をあれこれ引く手間が省けます。

▼冊子体紳士録を併用する

冊子体の「紳士録」も使えば前述の二つを補うことができます。

代表的なものは三つです。

一つ目は、交詢社の『**日本紳士録**』です。明治時代から約百二十年の歴史があり、明治から昭和に至る人物調査では欠かせない資料だといえます。惜しくも二〇〇七年、八十版を最後に休刊になりました。

二つ目は、人事興信所の『**全日本紳士録**』です。こちらも休刊になっていますので、古い版を図書館などで調べる必要があります。

三つ目は、内閣官報局の『**職員録**』です。明治時代から現代までの官庁関係者をカバーしており、よく使われます。明治、大正などの古いものも国立国会図書館デジタルコレクションで全文が閲覧可能です。テキストデータになっていないので、個人名からの検索は目で追うしかないのが残念なところです。

▼手をかけるべき部分は、はしょらない

人物情報データベースにも紳士録にも掲載のない人物や、同姓同名の人が数多くいて「この人だ」と特定できない人物もいるでしょう。

そんな場合は、雑誌や新聞の記事など、その人物が関わった可能性がある資料を多角的に探していくことになります。まえがきでふれた「カオリさん」もそのような複雑な検索になるに違いなく、プロに任せるのが早道なのです。

一例をあげると、十年以上も前にこんな依頼を受けたことがあります。

「一九八二年刊行の『ＮＨＫ戦時海外放送』（海外放送研究グループ）に載っている山田太郎氏（仮名）の略歴を調べてほしい。戦時中イラン向けの放送に従事していたらしい」

当時はまだ紙のデータが主流で、見つけるのにかなりの時間がかかりましたが、今それを再調査したら、どうなるでしょう。

グーグルに「山田太郎」と入れると同姓同名の別人が無数にヒットし、目を通すだけで膨

大な時間がかかります。そこでＷｈｏＰｌｕｓで検索すると、「Ｍ大学教授の山田太郎」氏がヒットしました。略歴や著作、関連記事情報も載っており、質問の山田太郎氏とほぼ同一人物だと推測されました。

しかし、同一人物だとはまだ断定できません。各種の人名辞典や、新聞記事のデータベースを検索し、ＣｉＮｉｉや国立国会図書館サーチなども当たることになります。

そんな中で、ある大学の**紀要**（149ページ参照）に「山田太郎教授」の略歴記載があるのを見つけました。ほかの著作の著者略歴などもチェックし、ジグソーパズルのピースを寄せ集めるように同一人物であることを特定したのでした。

人物調査に限らず、検索ではルートを多種多様に増やすことで意中の情報にヒットすることがよくあります。そうした過程で思わぬ発見があったり、新しいテーマが見つかったりするのも検索の醍醐味であることは、くり返し述べてきた通りです。それに加え、検索の正確さを高めるためにも、手をかけるべき部分は絶対にはしょってはいけないと思うのです。

▼何を言うかよりも誰が言うかの時代

マキアベリは『政略論』で「一度でも恨みを買ったら、時間がたっても、その人物を重要な任務につかせてはならない」という意味のことを言っています。[2]「人物を判断するには過去にさかのぼる必要がある」という底意があるでしょう。

グーグルの人物採用には、こんなオキテがあるそうです。「付加価値をもたらしそうな人物を採用せよ」「考えるだけの人物は採用してはならない」「スキルセットや興味の幅が狭い人物は採用してはならない」[3]。

マキアベリからグーグルに至るまで、人物情報はそれほど重要だということです。情報があふれる現代、私たちはますます「何を言っているのか」よりも「誰が言っているのか」に注目するようになっています。人物情報はこれから先も研究やビジネスを左右するキーであり続けるでしょう。

3 企業の実像を細大もらさずつかむ

▼日経テレコンが他を圧倒する

「収益率の推移を調べたい」「過去の売上高を見たいのだが未上場でデータが不明」といった企業データの調査に関する質問が図書館に殺到する時期があります。商学部を持つ大学の卒業論文の締切近くです。

企業データは、ネットに公開されたホームページから調べ始める人がほとんどです。表向きの情報はここで取れます。しかし、都合の悪いことやネガティブ情報、あるいは社風といった微妙な情報はほとんど掲載されません。

細部まで踏み込んだ客観的なデータを取って企業の全体像をつかむには、信用できるデータベースに当たりましょう。

企業情報では日経テレコンが他を圧倒します。それに「東洋経済デジタルコンテンツライブラリー」と「ダイヤモンドD・VISION NET」（いずれも128ページ参照）などを併用すれば、スタートとしては万全です。

いずれも有料なので個人にはハードルが高く、図書館を利用するのがリーズナブルです。たいていの大学図書館は契約していますし、導入している公共図書館も増えています。

【日経テレコン】

企業検索、記事検索の二つに分けて概略を紹介します。

①企業検索

上場企業とそれに準じる企業なら、「企業検索」で企業名を検索すれば、沿革、業務内容、財務諸表、業績推移、売上構成、役員、株主構成などの情報が簡単に得られます。

日経新聞が収集した全国主要企業の最新データ「日経会社プロフィル」が使えるほか、契約条件によっては、投資家必携とされる「日経会社情報」や、東京商工リサーチ、帝国データバンクの企業情報も検索できます。

②記事検索

『日経産業新聞』『日経ＭＪ』『日経ヴェリタス』といった経済系の新聞が収録されていて、さらに詳しい記事をキーワードで検索できます。いずれも本文をＰＤＦで取得可能です。

契約次第では全国紙や地方紙も閲覧できます。『週刊東洋経済』『週刊ダイヤモンド』『週刊エコノミスト』といった経済系雑誌も読めるうえ、各種のＰＯＳ（販売時点情報管理）ランキングなど幅広い情報にもアクセスできるので便利です。

なお、同じ日経系列の「日経ＢＰ記事検索サービス」も、『日経ビジネス』『日経トップリーダー』といった日経ＢＰ社の五十誌以上をクロスして探せます。休刊になった雑誌の検索も容易です。

記事検索では、初心者も使いやすい「ナビ型記事検索」が設けられています。〈分類選択〉で〈テーマ〉〈業界〉〈地域〉などから選択して、〈検索期間の絞り込み〉や媒体選択が簡単にできるのです。

一方で、上級者に向けても次のような検索サポート機能が備わっています。

〈株式コード検索〉特定上場企業が主題として扱われている記事だけを探す
〈業界コード検索〉業界を指定する
〈記事分類キーワード検索〉社会面、国際面など紙面単位で限定する

これらをホームページのヘルプから参照して覚えておくと、精密な検索が簡単にできます。

新聞・雑誌との組み合わせ検索が面白い

日経テレコンのポピュラーな使い方の一例は、こうです。

(a)企業検索で企業名を検索する

企業の基礎情報、沿革、事業内容、格付け、連結・単独の財務諸表、業績推移、売上構成、役員情報、株主情報などが表とグラフで見やすくまとまっています。

(b)記事検索で新聞をチェックする

企業名を入力すれば、新聞に報道された時の記事を時系列に検索できます。

「ラオスでの新工場建設」といった特定の話題を調べるなら、「ラオス」というキーワードを加えて検索します。あるいは社長名でインタビュー記事などを検索し、語られている戦略を意識して時系列で記事データを精査すると、新たな発見があるでしょう。

なお、記事は新しい順だと結果からさかのぼるのでスピーディに読め、古い順に並べ替えると経過や因果関係がつかみやすくなるという特徴があります。

(c)雑誌検索で深掘りする

気になる新聞記事が見つかったら、雑誌で深掘りされていないかを探します。雑誌記事の検索はCiNii Articlesが基本ですが、「日経BP記事検索サービス」や「ダイヤモンドD-VISION NET」「東洋経済デジタルコンテンツライブラリー」も試してみましょう。

ずばりのキーワードだけでなく、思いつく周辺的なキーワードでも検索してみると、「お

や っ ? 」 という面白い記事が拾えたりするものです。

▼東洋経済とダイヤモンドのサイト

併用したい二つのデータベースの特徴は次の通りです。

【東洋経済デジタルコンテンツライブラリー】

『週刊東洋経済』『会社四季報』『就職四季報』『一橋ビジネスレビュー』など東洋経済新報社の経済、ビジネス、企業情報誌を検索、閲覧できるデータベースです。図書館向けですが、スマホ用の最適化表示もされています。

【ダイヤモンドD《ディー》・VISION《ヴィジョン》 NET《ネット》】

ダイヤモンド社が独自に収集した企業情報や役員、管理職情報などを検索できるデータベースです。『週刊ダイヤモンド』の全文が閲覧できます。

▼有価証券報告書で企業の深部を見る

企業の深部を見るには、「有報」と呼ばれる有価証券報告書が役に立ちます。会社や事業の概況といった投資情報が記載されているからです。内容項目が統一されていて比較が容易なため、ビジネスパーソンや投資家、学生や就職活動中の学生（就活生）にも便利です。最初は取っつきにくいのですが、慣れれば目次を見るだけで、どこに必要情報があるかがつかめるようになります。

有価証券報告書は金融庁が提供する閲覧サイト「EDINET《エディネット》」で、誰でも無料で閲覧が可能です。過去にさかのぼって調べるなら、「eol《イーオーエル》」（運営プロネクサス）で一九八〇年代まで調べられます。

▼公共図書館のビジネス支援活動を援用する

紹介した有料データベースは、個人契約では料金的に使いにくいものがほとんどです。ビジネスパーソンの場合、自分の会社が契約していなければ、公共図書館まで足を運ぶ必要が出てくるでしょう。

「公共図書館にビジネス系のデータベースが導入されているのか？　そもそも公共図書館は中高校生と高齢者が多く集まる場所。ビジネスには不向き」などと思い込んで、おっくうになってしまう方がいるかもしれません。

しかし、最近ではビジネス支援に力を入れる公共図書館が増えています。「ビジネス支援図書館推進協議会」という非営利組織もありますし、ビジネスコーナーを設ける図書館、起業相談に乗り出す図書館など、従来のイメージを超える図書館が誕生しているのです。

もよりの図書館の状況はどうなのか、何ができるのか、一度は出向いて調べてみましょう。図書館にはこまめに足を運ぶのが、ベストの活用法なのです。

アメリカでは公共図書館に求職中の人向けの企業情報コーナーがあったり、大学図書館に就職関連情報を集めたコーナーが設置されていたりします。図書館には企業情報を調べるのに役立つ資料が無数にあるのです。

大学図書館でも、就活生向けの企業情報セミナーを実施するところが出てきました。就活生は「必須のデータベースは日経テレコン」と知ってはいても、利用法や活用法となると理解が不十分です。それに対する支援も図書館の役割なのです。

4 知識ゼロからの法情報検索

▼まずは無料サイト「裁判所」を見る

法学部生や専門家以外、法情報など必要性は薄いと感じるかもしれません。でも、事故とかトラブルに遭遇した時はもちろん、不可欠な場面は日常的にもあるものです。

たとえば、ゲノムの研究には個人情報保護法の知識が必須だったりします。会社生活には労働法が関与し、何かを売買する時は民法や消費者契約法が関わっています。

最終的には専門家を頼ることになっても、基本的な知識を持って依頼するか、情報ゼロで依存するかでは大きな違いが出てくるでしょう。

というのに、かつては、どんな訴訟があってどんな判決が出たかを調べることも困難でした。誰でも検索できる判例調査のデータベースができ、簡単に利用できるようになったのは、最近なのです。

その一つに「**裁判所**」という無料ウェブサイトがあります。判例情報が最高裁判所、高等裁判所、下級裁判所（速報）、あるいは行政事件、労働事件、知的財産によって分類されており、裁判手続の案内や司法統計もあって便利です。一般的な判例調査には十分に使えます。

ただ、すべての判決などが網羅されているわけではありませんから、有料データベースを使える環境にあれば、そちらを調べるのがよいでしょう。

▼専門家レベルの検索は有料データベースで

よく使われる有料情報データベースは、次の四つです。収録範囲がそれぞれ多少異なりますが、専門的な基本情報はだいたいここで探せます。ロースクールなどを設けている大学の図書館以外では、四つすべてが揃っているところは稀でしょう。それでも最近は、公共図書館でも徐々に導入館が増えていますので、利用できるものがあれば試してみてください。

【D1《ディーワン》-Law《ロー》.com《ドットコム》】

第一法規が運営する日本法の総合オンラインデータベースです。法律専門の出版社としてのノウハウを活用し、法情報が体系的に分類、整理されています。

【LEX《レックス》/DB《ディービー》インターネット】

株式会社ＴＫＣが運営する判例全文情報データベースです。明治八年の大審院の判例から今日までに公表された判例全文情報を閲覧できます。

【Westlaw Japan《ウェストロージャパン》】

日本の新日本法規出版と米国トムソン・ロイターの出資で設立されたウエストロージャパンが運営する日本法の総合オンラインデータベースです。

【判例秘書】

株式会社ＬＩＣが運営するデータベースです。

▼リサーチ・ナビは法情報でも役立つ

法情報を探すコツを三つ紹介しておきましょう。

①官報を検索する

「**官報情報検索サービス**」が便利です。一九四七年以降の情報に限られるので、無料で閲覧できる別のウェブも併用しましょう。直近三十日の情報であれば「**インターネット版官報**」、古いところなら国立国会図書館デジタルコレクションなどです。

②新聞記事と組み合わせる

判例を探す時、判決の日時がわかっていると格段に見つけやすくなります。社会的に注目された事件なら、「聞蔵」「ヨミダス」といった新聞データベースで主題と「判決」といった言葉を組み合わせて検索し、判決日時を調べておきましょう。裁判や判決の概略もつかめます。

③法情報へのアクセス方法やリサーチ方法を調べる

国立国会図書館のリサーチ・ナビを使いましょう。112ページで「『統計を調べる方法』を知る時に力を発揮する」と紹介したサイトです。「思いついたキーワードを入れてください」と表示されるトップページの検索窓に「判例の調べ方」「日本の法令の調べ方」といったキーワードを入力すると、詳しい調べ方ガイドが閲覧できます。

書籍でじっくりと学習したい場合は『法情報の調べ方入門』（ロー・ライブラリアン研究会編　日本図書館協会　二〇一七）『リーガル・リサーチ　第5版』（いしかわまりこ、藤井康子、村井のり子著　日本評論社　二〇一六）がお勧めです。

▼法律上の言葉づかいには特に気をつける

法情報を探す注意点も三つあげておきましょう。いずれも言葉に関連します。

①略語

まず戸惑うのは略語です。特に資料名は略語が多く、知っていないとOPACやCiNii で検索することもできない事態になります。

たとえば「ジュリ」が『ジュリスト』の略称、「法協」が『法学協会雑誌』の略称であることは想像可能かもしれません。しかし、「民集」が『最高裁判所民事判例集』の略称、「刑集」が『最高裁判所刑事判例集』の略称であることは、普通はわからないと思います。「論叢」が京都大学の『法学論叢』の略称、「法論」は明治大学の『法律論叢』の略称となると、想像の範囲を超えています。

そのため、NPO法人の法教育支援センターが引用形式や判例集や雑誌の略称をまとめたガイドブック『**法律文献等の出典の表示方法**』をウェブ上で公開しています。これを参照して、正確なタイトルに直してからOPACやCiNiiで検索するのが賢明です。

②専門用語

正確な言葉で検索しないと情報が見つかりにくいこともしばしばです。

たとえば映画のタイトルの影響か、「推定無罪」という言葉で検索する人がいますが、正しい法律用語は「無罪推定」か「無罪の推定」になります。

あるいは婚外子について調べる時、「非嫡出子」はすぐに浮かんでも「嫡出でない子」というキーワードは思いつきにくいでしょう。しかし、法律用語は「嫡出でない子」なのです。

先日も、現在の司法試験も含まれる戦前の「高等文官試験」を調べたいが見つからないという質問があり、それも、正式法令名である「文官高等試験」で検索することで解決したのです。

③同義語

法情報には「違法、不法」「理由、事由」「疵瑕、瑕疵」といった同義語もたくさんあります。相互関連リンクを張っているデータベースもありますが、完璧にはほど遠いのが実情です。自分でキーワードを工夫しないと、モレが出てしまいます。

検索して何もヒットしなければキーワードの間違いに気づけますが、たいていは何かがヒットするので気づきにくいでしょう。検索結果をよく見て、「変に少ない」「微妙に何か違う」と感じたら法律の専門家に尋ねてみましょう。「ヨコ、タテ、ナナメ」の原則でキーワードを少しずつずらしてみるのもいいと思います。

ある刑法学者が「専門用語の意味内容は、学問的精華が蓄積されたものである。用語およびその使用法を尊重しないということは、学問の積み重ねに敬意を払わないことと隣り合わせである」[4]と語っていました。

逆にいえば、専門用語を正しく使えるようになることで、法律に対する知識を深められるのです。専門用語のややこしさにひるまず、挑戦しましょう。

5　わかりやすくて質の高い医学情報を探す

▼アウトラインの理解から始める

医学、医療、健康などに関する情報（以下「医療情報」）は、健康や生命を直接的に左右します。病気やケガに直面して検索する時はもちろん、「体の状態をアップグレードしたい」といった気軽な検索でも、わかりやすいだけの情報には飛びつかないのが賢明です。エビデンス（科学的根拠）に基づく正確な情報を探しましょう。

専門的でわかりにくいかもしれませんが、完全には理解できなくても、「何が正しいのか」「何が疑わしいのか」のアウトラインはつかむことができます。そこから検索の範囲を広げていけばいいのです。

一般の方が平易で質の高い医療情報を入手するには、各種の「診療ガイドライン」が好適です。専門的な情報なら、ＭＥＤＬＩＮＥと「医中誌ウェブ」で論文を探すことになります。

最近充実してきた「患者図書館（患者図書室）」の存在も知っておきましょう。

▼診療ガイドラインが役立つ

【診療ガイドライン】

現代医療の二つの流れを背景に生まれたサービスです。

一つは、科学的根拠に基づく医療（ＥＢＭ＝Evidence-Based Medicine）が主流になったことです。ＥＢＭの実践には、あらゆる医療従事者が医学研究の最新情報を常に知っておくことが理想です。そこで、一九九〇年代から、医療現場における診断と治療を補助する目的で、主要な学会がエビデンスに基づいた病気の診断や治療、予防や予後などの情報をまとめて提供するようになりました。これが診療ガイドラインの原点です。

もう一つの背景は、患者に十分な情報を伝えて治療の合意を得るインフォームド・コンセントが進んだことです。それに伴い、患者への情報提供を目的とした一般向けの診療ガイドラインもつくられるようになったのです。二〇〇一年には厚生労働白書が「ＥＢＭに基づいた情報提供を進めることにより、国民が医学情報や最新の治療法などを入手しやすくすることで（中略）納得して治療を受けることも可能になる」と提唱し、患者や家族のための情報提供という側面が確立されました。

診療ガイドラインを探すには日本医療機能評価機構が提供する「Ｍｉｎｄｓ《マインズ》ガイドラインラ

イブラリ」がいいでしょう。東邦大学医学メディアセンターと医学中央雑誌刊行会が協同運営する「東邦大学・医中誌診療ガイドライン情報データベース」もお勧めです。

▼専門情報はMEDLINEと医中誌ウェブで

「英語でも難しくてもいいから専門的な情報を」という方は、次の二つを調べてみましょう。

【MEDLINE】

アメリカ国立医学図書館（ＮＬＭ）が運営するデータベースで、数多くの医薬関連文献、情報が蓄積されています。大半が英語論文ですが、同じくＮＬＭが運営するPubMed《パブメド》から無料で検索できるので、日本でも研究者を中心によく使われています。

【医中誌ウェブ】

医学中央雑誌刊行会が運営する医療従事者向けの国内医学論文情報データベースです。日本にはＮＬＭに相当する図書館がないので、医中誌ウェブがＭＥＤＬＩＮＥの日本版だといっていいでしょう。無料公開はされていませんが、導入している公共図書館もありますから、真剣に医療情報を探す時は試してみてください。

医中誌ウェブの内容は非常に専門的で、一般の方には読みこなせないものがほとんどです。しかし、医療従事者が書いた一般向けの記事もあります。そういう記事を医学部を持つ大学図書館からＩＬＬを利用して取り寄せれば、ネットでは探せないタイプの情報が得られます。

▼闘病記も読める患者図書館

【患者図書館】

もとは入院患者の生活の質の向上を目的とした読書サービスでしたが、インフォームド・コンセントの進展に伴い、二〇〇〇年ごろからは患者や家族に質の高い医療情報を提供するタイプが多くなっています。

数も増加し、形態も多様になりました。院内に常設する「独立型」、相談支援室に設置する「支援室併設型」、ワゴンなどで病棟を巡回する「巡回型」などです。闘病記に対する需要が多いことから、病名から本を探せる「闘病記文庫」を設置しているところもあります。

日本医学図書館協会が認定する「ヘルスサイエンス情報専門員」の資格を持つ司書がいれば、情報探しの相談に乗ってくれるでしょう。

身近に患者図書館がない時は、公共図書館を当たってみます。たとえば東京都立中央図書館はウェブページ「健康・医療について調べる」を公開していますし、埼玉県立久喜図書館はＰＤＦで「健康・医療情報リサーチガイド」を提供しています。

第5章◎信頼性の向上

信頼できる情報だけを選りすぐる

1 学術情報は不愛想に見えても信用できる盟友

▼つい読みたくなる不正確なサイトを避ける

「一樽の泥水に一さじのワインを入れてもワインにはならないが、一樽のワインに一さじの泥水を入れれば一樽の泥水になる」というジョークが昔ありました。でも、司書としては笑えませんでした。「研究やビジネスも同じ。一つ虚偽が入れば全部が虚偽だと思われてしまう」とキマジメに受け止めたからです。

誰もが正確な情報を求めています。ところがインターネットには、正確な情報と不正確な情報が入り混じっています。真偽は怪しいけれどつい読みたくなる厄介なサイトもたくさんあります。信頼性（正確さや根拠の確実性などを以下「信頼」で一括します）を見きわめるのは、なかなか困難です。

混沌の中で虚実を手早く見分ける検索方法を、私は六つに集約しています。

①できるだけ学術情報を活用する、②信頼できるサイトを選ぶ、③信頼できる出版社、著者

図８　**信頼性を担保する要素**

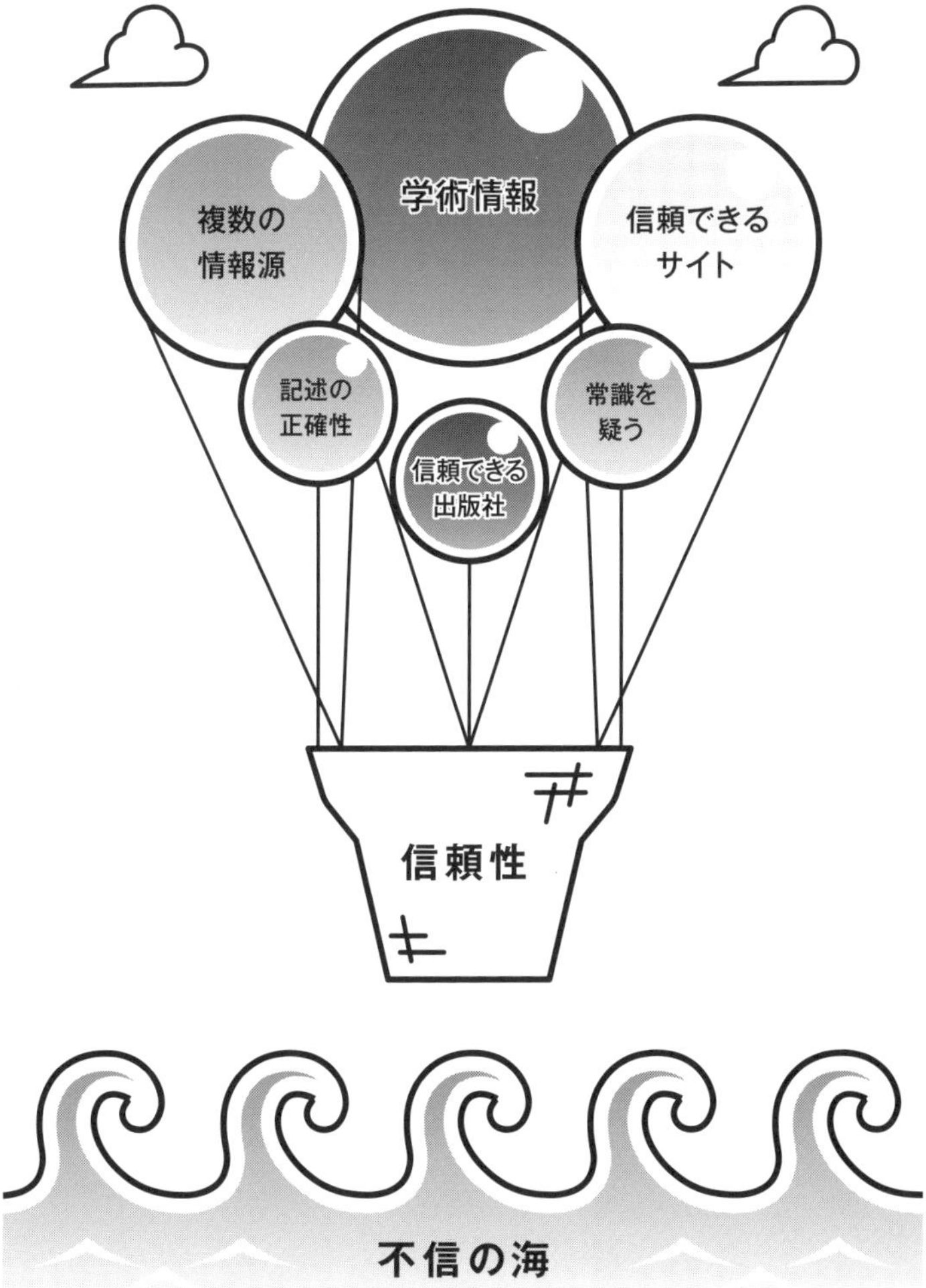

を選ぶ、④記述の正確性を見る、⑤複数の情報源で確認する、⑥自分自身の常識を疑う。

順に一つ一つ説明しましょう。

まず、①〜⑥の主眼である①について詳述します。

▼最初に性善説の国に行く

①できるだけ学術情報を活用する

「信頼できる情報はすべて学術情報だ」とはいえませんが、「学術情報はすべて信頼できる情報だ」といえます。ただ、一般の方にはやや縁遠いので、まず学術情報とは何であり、なぜ信頼できるのかを知っておきましょう。

『図書館情報学用語辞典』の定義を要約すれば、学術情報とは学術研究の成果として生み出された情報のことです。学術論文をはじめ、報告書、学術図書、書誌といった学術文献や、観測、計算のデータなどが含まれます。

学術情報は、正確に作成するための厳密な基準が何世紀もかけて学際的、国際的に築かれてきました。整然と検索できる分類、保存の体系も完備しています。それらが順守されているかどうかを、国や高等教育機関が絶えず検証しています。だから、学術情報はすべて信頼できると断言していいのです。

学術論文ともなると、多くの場合「査読」（ピアレビュー）が入るので、正確性はさらに高まります。査読とは、学術雑誌に投稿された論文を掲載するかどうか決める時、専門家から選ばれた査読者が内容や独自性を評価、検証することです。書き直しを求められたり却下されたりする率は高く、査読は論文、著者、掲載雑誌それぞれの信頼性を保証するシステムになっています。

そもそもウソを基礎にした研究は意味がなく、事実上成立しません。学術の世界は、「ここでは誰もウソをつかない」という性善説で成り立つクリーンランドなのです。だから情報を探す時、司書は学術情報をまず当たるのです。

お堅いデータを魅力的にまとめる

残念ながら、そういう習慣は大学や研究機関の外にはなかなか広がらないように見えます。学術情報は「わかりにくい」「退屈」と感じられるからでしょうか。

確かに、一目でわかるイラストや華麗なキャッチコピーなどは添えられていません。でも、それを興味を惹く魅力的な成果物にまとめあげるのが研究者やビジネスパーソンのワザというものではないでしょうか。お堅い内容も見出し一つで「ああ、そういうことなんだ！」という一目瞭然性を帯びてくるものです。

ある国際弁護士から「訴状や意見書に相手を納得させる『タイトル』をつけられるかどうか。それが案件の命運を決める」と聞いたことがあります。門外漢向けにかみ砕いた説明をしてくれたのでしょうが、参考にすべき一言だと思います。

ちなみに私は、研究者以外の多くの人々に学術情報を活用する意欲とワザが足りないのは情報リテラシー（221ページ参照）教育が不足しているせいだと感じています。

▼論文と学術論文はどこが違うか

では、学術論文にアクセスするにはどうすればいいのでしょうか。

「学術論文を読んでレポートを書け」といった課題を出された新入生から「一般的な論文と学術論文は、どう違うんですか」と聞かれることがあります。明確な線引きはないので、まずは「新しい研究成果を内容とし、一定の構成を持った論文。（中略）通常は、学術雑誌に掲載されたもの」という『図書館情報学用語辞典』の定義を紹介することにしています。

そして「普通は『新しい研究成果』から学術論文を見定めるのは困難なので、『一定の構成』『学術雑誌への掲載』の二つを見てください」と伝えます。

(a)一定の構成

学術論文の構成は研究の分野や目的によって多少違いますが、「論文名と著者名」「アブストラクト（要旨）」「序論、本論、結論」「文献リスト」「謝辞」となっているのが一般的です。中でもわかりやすいのは、「アブストラクト」と「文献リスト」でしょう。

アブストラクトには論文の内容や結論が簡潔に書かれていて、ここを読むだけで概要がつかめます。文献リストには引用文献や参考文献がズラリと並んでいて、目につきます。

そこで、冒頭にアブストラクトがあるかを見て要旨も確かめましょう。次に、末尾に文献リストがあるかを確認し、量や記載の正確さを吟味します。

この二つがきちんとしていれば、学術論文だと考えていいでしょう。

(b)学術雑誌への掲載

学術論文のほとんどは学術雑誌に載るので、信頼できる学術雑誌を探しましょう。

ただし、自然科学分野の論文は速報性が重要なので最初に学術雑誌に発表されることが多いのに対し、人文社会科学分野の論文は最初に書籍の形で出されることが少なくありません。人文社会科学分野では、学術書籍にも目配りするのが検索のコツです。

▼インパクトファクターと査読について

学術雑誌をめぐっては、二つの問題があることも知っておいてください。

一つ目は、信頼できる学術雑誌を見分ける指標が日本にないことです。見分ける指標は、**インパクトファクター**という数値です。世界的に影響力の大きな総合科学誌『ネイチャー』(イギリス)はインパクトファクターが非常に高く、同様に有名な総合科学誌『サイエンス』や生物学誌『セル』(ともにアメリカ)のインパクトファクターもそれに準じるといった具合に、学術雑誌の信頼性は数値でランクづけされているのです。

インパクトファクターは、クラリベイト・アナリティクスが主要な学術誌について算出し、同社の『ジャーナル・サイテーション・レポーツ』で発表しています。算出方法は「X年の前二年間に雑誌に掲載された論文が、X年に引用された回数を、X年の前二年間に雑誌に掲載された論文数で割る」というものです。

ところが、日本の学術雑誌には、この指標があまり使えません。日本の雑誌が対象外というわけではなく、事実上インパクトファクターが英語論文についての評価だからです。そのため日本の学術雑誌の信頼性については「信頼されている雑誌名を各分野ごとに覚えていく」という遠まわりの方法しかないことになります。

問題の二つ目は、査読に関する機能です。

学術論文の信頼性は、査読を経た「査読論文」になることで確定します。

英語で書かれた学術論文なら、査読論文かどうかはすぐにわかります。英語の雑誌記事索引系データベースには、検索結果の絞り込みメニューに、たいてい「ピアレビュー」があるからです。ここにチェックを入れるだけで査読論文に絞り込めます。

ところが日本のＣｉＮｉｉには、その機能がありません。そもそも元データの作成時に査読論文を切り出す作業がされていないので、絞り込みができないのです。

学術論文の信頼性は高いので、安心して使ってさしつかえありません。ただ、日本では査読論文という最高レベルの安心まではなかなか得にくいことを知っておきましょう。

紀要と機関リポジトリを活用する

学術情報へのアクセスには、「紀要」「機関リポジトリ」も活用してください。

紀要とは、大学や研究所（以下「大学」）が教員や研究員の論文発表の場として発行する学術雑誌の一種です。大正、昭和初期といった昔から発行されており、掲載論文の信頼性は発行元である大学によって担保されてきました。

機関リポジトリとは、大学が近年に設置し始めた電子アーカイブシステムです。論文などの知的生産物をデジタル化して集積、保存してネットに無料公開します。紀要も機関リポジトリで公開されることが増えました。

機関リポジトリ設置は急速に進み、今や機関リポジトリを持たない大学は少数といえます。それればかりか、日本は世界トップクラスの機関リポジトリ数を誇るまでになっているのです。

機関リポジトリは国立情報学研究所に登録され、同研究所はリポジトリの論文と書誌を自動的に収集し、ＣｉＮｉｉにリンクを張るようになっています。

ですから、紀要の掲載論文を探すために各大学のリポジトリを一つ一つ見る必要はありません。ＣｉＮｉｉ Ａｒｔｉｃｌｅｓで検索すれば、蓄積された論文のフルテキストをたやすく読めるのです。同研究所が運営するIRDB《アイアールディービー》（旧ＪＡＩＲＯ《ジャイロ》）でも横断的に検索できます。

特定の研究者をターゲットにしている場合は、その人物が所属する大学や研究所のリポジトリを検索してみてください。

雑誌や書籍の発行元がわかっている場合は、発行元のホームページに掲載されているケースも多いものです。ホームページに「出版物」「機関誌」といったリンクがないかを探してみましょう。

なお、学会や協会は同様の電子ジャーナルを作成しており、**科学技術振興機構**（ＪＳＴ）が運営する電子ジャーナルプラットフォーム「J-STAGE《ジェイステージ》」で探すことができます。

2 信じるために疑いの目で見る

▼信頼性も使用頻度も高い四つのドメイン

情報の信頼性を確認する六つの方法の説明を続けます。

②信頼できるサイトを選ぶ

信頼できるサイトを知っておけば、信頼確認の時間を大幅に節約できます。たとえばグーグルで検索してＣｉＮｉｉのページがヒットした場合も、ＣｉＮｉｉを運営する国立情報学研究所が国の機関だと知っていれば「このページは信頼できる」と判断して先に進めるわけです。

サイトの信頼性は、ＵＲＬ（ホームページなどのアドレス）の末尾にある「トップレベルドメイン」でチェックします。たとえば、国会図書館のＵＲＬ https://www.ndl.go.jp/でいえば、.jp がトップレベルドメインです。.go は中央官庁を表わすセカンドレベルドメインなのですが、ここではわかりやすく .go.jp も「トップレベルドメイン」で一括します。

信頼性が高く、使う頻度も高いトップレベルドメインは次の四つです。

【.go.jp】
日本の政府機関や各省庁所管の研究所、特殊法人、独立行政法人が登録できるトップレベルドメインです。信頼性は国によって保証されているといっていいでしょう。

【.ac.jp】
ac は academic の略で、日本の国公立大学や私立大学といった高等教育機関、あるいは大学共同利用機関などで使われます。それらの機関が信頼性に責任を負っているといえます。

【.gov】
gov は government の略で、主としてアメリカ合衆国の連邦政府機関や各州の自治体などで使われます。信頼性が公的に保証されているわけです。

【.edu】
edu は education の略で、主としてアメリカ合衆国の教育機関で使われます。ほぼ大学のみで使われると考えていいでしょう。やはり信頼性は非常に高いといえます。

右の四つ以外のサイトから情報を拾う場合は、サイト運営者の名前や連絡先が明記されているかをチェックしましょう。明記されていないサイトは怪しく、どうしても使いたい情報なら④や⑤の方法によって信頼性を確認してください。

なお、.or.jp や .org（ともに organization の略）に信頼を置く人もいます。主として非営利団体に割り当てられていること、国際連合のドメインが .unic.or.jp や .un.org だったりすることが理由です。でも、必ずしも信頼性が高いとはいえません。登録制限は低く、数多くの社団法人、医療法人、宗教法人、ＮＰＯなどに広く開放されているからです。

ちなみに、グーグルではトップレベルドメインを簡単に指定できることも知っておきましょう。〈設定〉→〈検索オプション〉の〈サイトまたはドメイン〉に、.edu や .gov などを入力すればＯＫです。

この〈検索オプション〉の〈ファイル形式〉では、ファイルをＰＤＦやエクセル、パワーポイントなどに絞り込むことができます。「検索対象の多くがＰＤＦになっている」「プレゼンの参考にパワーポイント資料を探そう」といった時に重宝します。

▼良書の多読で情報選択力を養う

③信頼できる出版社、著者を選ぶ

本や雑誌から情報を探す時と、新聞記事から探す時とでは事情が異なります。

(a)書籍や雑誌

出版社や著者の信頼性を判断するのは、容易ではありません。「出版社の信頼性ランキング」「ウソをつかない著者ベストテン」などあるはずもなく、多くの本や雑誌に接することで自分なりの鑑識眼を養うのが唯一の道になります。

「骨董品の真贋を見る目を養うには本物を見まくるしかない」といわれます。アメリカのライブラリースクールでも「選書の技量を養うには、各ジャンルの名著を読みまくれ」と教わりました。それを思い出し、学生にも「専攻分野の基本書や雑誌に親しむことで、情報選択の技量が養われますよ」と伝えています。

(b)新聞記事

新聞報道は倫理綱領に沿った努力がなされており、信頼性は高いほうに属するでしょう。倫理綱領は「自由と責任」「正確と公正」「独立と寛容」「人権の尊重」といった項目からなり、報道機関としての伝統を感じさせます。

ただ、昨今は学生から「この記事って信用できますか?」と質問されることが少しずつ増えています。二十年ほど前は、そんな学生は皆無でしたから、新聞に対する社会全般の信頼度が揺らいでいるのかもしれません。

質問には、こう返答すると納得してくれます。「内容の判断はできません。しかし、『この新聞が何年何月何日に、こう報道した』というのは事実ですよ」。

「らしい」「だろう」は怪しさのシグナル

④記述の正確性を見る

学術以外の情報には、いわゆる「二・六・二の法則」が当てはまるものです。「これは正しい」「これは誤り」と即断できる情報は各二割にすぎず、六割は正誤を自分で判断する必要があるのです。

判断のポイントが記述です。次の三つで確認します。

(a)伝聞、推測表現

文章の語尾に注目しましょう。「らしい」「だろう」「かもしれない」「だそうだ」「といわれている」といった伝聞、推測表現が続く場合、信頼性は低いといえます。根拠がいくらかはある推測なのか、勝手な想像にすぎない憶測なのかもよく吟味してください。

(b)引用元の表記

調査、研究、統計の結果や数字が引用された箇所も要チェックです。引用元や根拠を明示せずに「という数字がある」「ある研究によると」などと書かれている情報は信頼しないほうがいいでしょう。まして、その情報を確認もせずに転用（「孫引き」）するのは非常に危険です。

(c)誤字、脱字

初歩的な誤字や脱字が目につくサイトも信頼性が疑われます。「×以外な（○意外な）」とか、「×シュミレーション（○シミュレーション）」「×内臓する（○内蔵する）」、あるいは「×ご覧ださい」（○ご覧ください）といった誤りが頻出するのは乱雑に書き飛ばされた証拠であり、内容も精密さを欠くと考えられます。

▼真偽の確認にはサイトとメディアを両方変える

⑤複数の情報源で確認する

紙の本や雑誌では情報の孫引きや盗用は固く戒められていますが、ネットはコピペ（コピー&ペースト）をはじめ、なんでもやりたい放題です。第1章で検索の行き詰まりを打開するために複数の情報源や複数のキーワードの活用を勧めましたが、情報のオリジナル性を確かめるためにも、複数の情報源に当たる手間は欠かせません。

注意点が二つあります。

一つは、複数のサイトから同じ情報が得られたからといって、その情報の信頼性が高いとは、必ずしもいえないことです。

同じ情報がコピペを重ね、孫引き、ひ孫引きになることは珍しくありません。同じ情報をいくつか見比べて「どれにも出典が明記されていない」「前後の文章まで明らかにコピペ」という場合は学術情報のサイトを加えるとか、本や雑誌、新聞など別のメディアによって確認することが推奨されます。めんどうでも同時にオリジナルのコピー元を探し、不正確な引用でないかもチェックしてください。

もう一つの注意点は、検索上位にきたサイトが信頼できるとは限らないことです。上位にくるのはアクセス数の多さとか、アルゴリズム（サイトの重要性を評価して表示順位を決めるプログラム）が選んだとかいう結果にすぎず、信頼性はいっさい含まれません。人気投票は賢人投票ではないのです。

わかっていても、検索上位にくるとつい信頼したくなるものなので心してください。

▼ネットは本当に信頼されているか

ここで、ネット、新聞、テレビといったメディアに対する印象を見てみましょう。東京大学の橋元良明研究室が五年ごとに実施している「日本人の情報行動」調査からの引用です。[1]

(a)そのメディアには、信頼できる情報がどのくらいあるか？

第一位は新聞です。「全部が信頼できる」「大部分信頼できる」と答えた人の合計は六六％にのぼりました（小数点以下四捨五入、以下同）。

第二位はテレビの五九％、第三位がネットの二四％、第四位が雑誌で一九％となっています。

(b)信頼できる情報を得るために最も利用するメディアは?

経年変化を見ると、新聞の凋落とネットの台頭が顕著です。二〇〇〇年から五年ごとの「信頼できる」という答えの割合は、次のようになっています。

・テレビ　五六%→五七%→五五%→五五%(安定的)
・新聞　三九%→三五%→三〇%→二四%(毎年下落)
・ネット　〇・四%→四%→九%→一三%(毎年上昇)

しかし、ネットの信頼性は高まるばかりでもないようです。二〇一五年の年代別に見た「信頼性に関するメディア選択」の回答は、次のようにバラついています。一九八〇年代以降に生まれたデジタルネイティブ世代も、ネット一辺倒ではないのです。

・二十代　テレビ四五%　ネット三〇%　新聞一六%
・三十代　テレビ四七%　新聞二六%　ネット一八%
・四十代　テレビ四五%　新聞三〇%　ネット一七%
・五十代　テレビ六〇%　新聞二六%　ネット八%

印象から見てさえ、絶対の信頼を勝ち得ているメディアはありません。信頼性の確認には、メディアを変えて比較することが大切です。

▼なんとなく違和感がある時は調べる

⑥自分自身の常識を疑う

思い込みや勘違いが検索の邪魔になると第1章で述べました。自分を疑ってみることは、信頼性の確認においても必須になります。

デカルトが方法的懐疑という手法で「われ思う、ゆえにわれあり」という哲学的確信に到達したように、疑いの目で見ることは信頼の扉を開く手段なのです。なんとなく抱く違和感や、かすかな疑問も放置せず、きちんとチェックすることが大切です。

「常識」「定説」「疑いようがない」と信じ込んでいる情報ほど危険です。古典的な書物の内容や歴史的な実験結果といった事実は変わらないように思えますが、それに対する評価や学説が大きく変わったりするからです。

教科書的な常識も変化します。鎌倉幕府の成立が「一一九二年」から「一一八五年」に変わったり、松尾芭蕉の『奥の細道』の表記が「おくのほそ道」になったことも記憶に新しいと思います。

複数の情報源で確認することは、自分自身の思い込みや勘違いをチェックし、正しい方向にアップデートするためにも役立ちます。

3 確かな入り口を事典から見つける

▼ジャパンナレッジの全文検索を試す

新しいことを調べたり考えたりする時は、対象に関する「これだけは疑いようがない」という情報がまずは必要になります。そういう正確無比な情報を得るのに最適なのが、百科事典です。百科事典は何世紀にもわたる人類の知の世界的な要約です。ある事柄の知識体系の全体像を一瞬にしてつかめるという魅力に満ちています。

オンライン百科事典で便利なのが「ジャパンナレッジ」と「ウィキペディア」です。ジャパンナレッジは有料ながら信頼性と情報の網羅性にすぐれ、ウィキペディアは無料であることと情報の最新性でまさっています。

両方をバランスよく使うのがコツです。前出の佐藤優氏は「自分の専門分野はウィキペディアにも一応目を通すが、専門以外の分野ではまずジャパンナレッジを頼る」と言っています。

【ジャパンナレッジ】（JapanKnowledge）

「ネット上の小さな図書館」として使えるサイトです。

日本の二大百科事典である『日本大百科全書：ニッポニカ』（小学館）、『世界大百科事典』（平凡社）に加え、辞書類の定番がそろっています。『国史大辞典』（吉川弘文館）、『日本国語大辞典』（小学館）、『現代用語の基礎知識』（自由国民社）などです。外国語辞典、法律辞典、文学辞典、人名辞典など各種の辞典も充実しています。「東洋文庫」といった叢書も含まれており、普通にネット検索をしただけではわからない事柄も調べられます。

コツは検索窓の左ボタンをクリックし、検索範囲を〈見出し〉だけでなく〈全文〉に広げることです。入力したキーワードが思いもかけない別のページに登場していたりします。そこを深堀りすることで、意外な情報や新しいキーワードが得られることがよくあるのです。

運営は小学館傘下のネットアドバンスで、個人でも使える価格の「ジャパンナレッジ・パーソナル」もあります。

欧米版併用でウィキペディアを安全に使う

【ウィキペディア】（Wikipedia）

三百近い言語で使われている世界的なオンライン百科事典です。誰もが自由に執筆、修正できるため情報の更新が非常に早いという特徴があります。一方で、自分の専門分野を検索すると間違いが結構あったりします。不特定多数の匿名執筆による不正確さがつきまとうのです。そのため大学では、学生のウィキペディア利用は一般的に推奨されません。ただ、ウィキペディア欧米版には出典情報が詳しい項目が多く、出典のウラを取ることで信頼性はグッと増します。安全なデータとしても使えるのです。

多言語版の有無は、検索結果画面の左側下方に〈多言語版〉が表示されて言語名が並ぶかどうかで簡単にチェックできます。

該当する外国語に通じていなくても、自動翻訳機能を使えば内容の把握が可能です。ブラウザでグーグルクロームを使っているなら、外国のページが表示された時、右上に☆印と並んで〈このページを翻訳しますか〉というボタンが出るでしょう。それをクリックすればページ全体を日本語にすることができます。かなり不自然な翻訳だったりしますが、だいたい何が書いてあるかはわかります。

▼新説は定説という土壌から芽生える

新説は定説という土壌から芽生えるものです。ちょっとした小辞典の記事も情報としての成熟を果たした定説といえます。まして百科事典は森羅万象にわたる詳細な定説の集大成です。

創造の大地といってもいいでしょう。

かつて、書庫で紙の百科事典の前に立つと、その重厚さには圧倒されました。左から「知識がなければ欲しても不毛だ。あまり足を急がせると過ちを犯す」という聖書の警告[2]が聞こえ、右から「人は一冊の本をつくるために図書館半分をひっくり返す」という詩人サミュエル・ジョンソンの督励[3]が聞こえる気がしたものです。

そんな紙の百科事典も、ネット時代になって次々とデジタル版に移行していきます。一七六八年にイギリスで刊行が始まった世界的な百科事典『ブリタニカ百科事典』も二〇一〇年、第十五版で刊行を終えました。

紙の事典など必要ないと思う方も多いでしょう。でも、百科事典を全巻読み通して勉強した偉人たちの話を聞いて育った昭和な私は、紙の百科事典に心が高鳴る郷愁を感じるのです。歴史学者の磯田道史氏は「歴史の本を全部読もうと図書館にこもって勉強した結果、倒れて救急車で運ばれた」と話しています。[4]百科事典だけでなく、岩波新書を全部読むとか図書館のあるエリアの本全体を読破するといった魅力的な勉強法が昔は確かにあったのです。

今、そうした方法はすたれ、ネットの大海が広がっています。百科全書的な知識は個人の頭の中に「蓄える」のでなく、広くネットで探して「活用する」時代になったのでしょう。

4 オリジナルな正しさを発信する

▼複数の視点をパッケージにする

信頼できる情報を集めたら、次はそれを材料に自分の頭で考え、新たなオリジナル情報を生産することになります。その時のキーポイントも信頼性です。

正しいこともオドオド行うと疑われます。信頼できる情報を集めても考察や発信の方法を誤ると、「悪くはないが今イチ」となる恐れがあるのです。

そういう「九仞《じん》の功を一簣《き》に虧《か》く」残念な結果にならないように、信頼性の高い情報を生み出す私なりの留意点をあげておきましょう。

「複眼的に考察する」「引用形式を正確にする」「推測を避ける」の三つです。

①複眼的に考察する

正と負、事実と感情、空間と時間、定量（数で表せる）と定性（数では表せない）といった複数の視点をパッケージにして考察を進めることが肝要です。世界は私たちの理解を超える複雑さを持っており、一面的な論考では説得力をはなはだしく欠くからです。

実際、レファレンスカウンターから見ていても、すぐれた研究者は常に複数の情報や視点、選択肢を示す努力をしていると感じます。たった一つの言葉の背後にも複数の視点が含まれていると思えるのです。

引用形式を軽視しない

②引用形式を正確にする

ある大学院生が、ドイツ留学中に「日本人の論文は内容はすぐれているけれど引用が粗雑すぎる。これでは最初から読んでもらえないね」と指導教官から苦言を呈されたそうです。

確かに私たちは「論文は内容が肝要」と考え、形式を軽視する傾向があるかもしれません。日本語による引用形式の定番が今なお未確立なのは、そのためだとも考えられます。

きちんとした引用形式で引用すること、引用文献のリストを形式通りにつくることは、とても重要です。それらは論文のルールであり、守らないと「ゲームに加わるな」と拒否されても仕方がないことになります。

引用形式は専門分野ごとに異なり、雑誌や出版社などによっても異同があるため、種類は多数に及びます。

英語圏なら、シカゴ大学出版局の校正マニュアルがもとになった「シカゴスタイル」や、アメリカ現代語学文学協会による「MLAスタイル」、アメリカ心理学会による「APAスタイル」といったものが有名です。分野別でいえば、アメリカ法律界の引用マニュアル『ブルーブック』が特に知られた存在です。二〇一五年発行の二十版で五百六十ページにも及び、法情報引用の緻密さに驚かされます。

ほかにも多数のスタイルがあり、アメリカの大学図書館のホームページを見れば、それらを説明する膨大なページのサイトが多数見つかるでしょう。


最近は日本でも引用形式を解説するウェブページを設ける大学図書館が増えました。しかし、まだ英語方式の説明が中心です。日本独自の定番がない中で、比較的よくまとまっているのは、「SIST《シスト》」（科学技術情報流通技術基準）でしょう。科学技術情報の流通を円滑にするために設けられた基準です。

「参考文献の役割と書き方――科学技術情報流通技術基準（SIST）の活用」という冊子を、ネット上から閲覧することができます。ただ、SIST事業そのものは二〇一一年度に終了しているので更新はありません。

引用形式の解説書としては、『レポート・論文作成のための引用・参考文献の書き方』（藤田節子　日外アソシエーツ）が有用だと思います。

▼仮説はいいが推測は避ける

③推測を避ける

伝聞、推測表現が続く記述の信頼性は低いと述べましたが、同じことは自分の知的生産にも当てはまります。「らしい」「だろう」を根絶する意気込みが肝要です。

伝聞、推測を避けようとすることで考察が深まる面もあります。

学術、ビジネスを問わず、論考は「事実、意見」と「推測」を区別することが基本の一つになるからです。伝聞表現を避けようとすることで「事実」が浮かび上がり、推測に禁欲的になることで「意見」を堅牢に組み立てられます。

事実と意見によって推測をする場合もあります。でも、それは「推測」ではなく「仮説」と呼ぶべきだと思うのです。

「歴史家にとって何よりも大事なのは、まず多くのデータを集めること。天才的な着想を得ることではない[5]」と、フランスの歴史学者エマニュエル・トッドは語っています。彼ほどの博識であれば言う必要はなかったのでしょうが、私は職業柄「『信頼できる』多くのデータ、ですよね」と、お節介な一言をつぶやいたものです。

信頼性の確認は、情報収集の命綱です。失なわれた信頼の回復には、多大な時間がかかります。不信はコストなのです。

できる限り学術情報を核にした専門情報だけで論考を進めることがお勧めです。

第6章◎検索の質の向上

いいキーワードを次々と発想する

1 ひらめきの手順を身につける

▼ポイントは言葉を変える力

「ナスルディンの鍵」という寓話があります。ナスルディンは家の中で鍵をなくしました。なのに家の外で鍵を探すのです。「なぜ?」と友人に聞かれてナスルディンは答えました。「家の外のほうが明るくて探しやすいからさ。家の中は暗くて探しにくいだろ」と。

解釈はさまざまですが、検索に引きつければ、情報は「ありそうなところから探す」のが基本なのに、多くの人は「探しやすいところから探す」悪癖から抜けられないものだという寓意になります。

探しやすい表層ウェブでヒットしたページにたまたまリンクが張られていれば、求める情報まで行けることもあります。でも、スキルを上げるにはそんな偶然に頼らず、深層ウェブまで検索範囲を広げることが必要です。

サーチエンジンの使えない領域の検索で一発成功するのは、熟練者でもなかなか困難です。

普通はキーワードを変えながら「これだ！」にたどり着くことになります。

つまり、検索スキルのポイントはキーワードを的確に変化させる発想力にあるのです。坂本龍馬は西郷隆盛を「少しくたたけば少しく響き、大きくたたけば大きく響く」[1]と評しましたが、深層ウェブも大西郷に似ています。いいキーワードを次々と投げかけてこそ、森羅万象について饒舌に語ってくれるのです。

そこで本章は、キーワードの発想法を説明していきます。検索スキルに大切な演算子（「AND」「OR」「NOT」）の使いこなしも詳述します。

▼ベストは一つではない

キーワードをうまく選べない理由はたいてい、知らないことを検索するので言葉の見当がつかないか、「ベストのキーワードは一つ」という思い込みを外せないかのどちらかです。私は検索の手順をアドバイスする時、「新入生かベテラン研究員か」といった属性、「レポート作成か研究論文作成か」といった目的や締切なども聞きます。

それらのどんな場合にも必要な汎用的手順は、①概略を調べる、②ノイズの量を見る、③検索結果と対話する、④ヨコ、タテ、ナナメにキーワードを広げる、⑤あきらめずに検索を続ける、⑥英語でも検索する、の六つになります。

一つずつ説明しますので、取捨選択してキーワード作成のスキルを上げてください。ちょっとしたレポート作成なら⑤⑥はスキップするといった具合です。

①概略を調べる

言葉の見当がつかないAについて辞書系データベースに当たるか、グーグルで「Aとは」と入力する「とは検索」をします。ウィキペディア、Weblio、コトバンク、goo辞書といった辞書系サイトが上位にヒットするでしょう。そこから概略をつかみます。

場合によっては、Aにまつわる新聞、雑誌の記事や論文に目を通すことも必要です。この手間は惜しまないでください。知識のストックが豊富なほど、よいキーワードを思いつけます。時間に追われているからといってパッと検索を始めると、最初にヒットした情報に引きずられてしまい手詰まりになりがちです。

②ノイズの量を見る

あるキーワードを入れると、情報がずらずらヒットすることが多いでしょう。ノイズが多く含まれているものです。一般的に、キーワードを変えるうちにヒット数が漸減するようなら、検索は正しい道筋を進んでいるといえます。不自然に急減したり、どんどん増えたりする場合は①に戻り、知識ストックのレベルからキーワードの発想を見直すのがお勧めです。

▼キーボードからちょっと手を離そう

③検索結果と対話する

一つのキーワードで検索したらキーボードからちょっと手を離し、検索結果の中からピンとくる言葉や発想を手書きでメモします。そこから別のキーワードを考え、キーボードに戻るのです。

これを私は、「検索結果との対話」と呼んでいます。

「イギリス式庭園」を調べ始めるとしましょう。検索結果に「英国式」「イングリッシュ」「ガーデン」といった単語が見つかると思います。「なるほど。『イギリス風庭園』とか『イングリッシュガーデン』もキーワードになるな」と発想が広がります。

あるいは「〝イギリス式庭園〟」と**フレーズ検索**（184ページ参照）するのもいいでしょう。

また、「イギリス　庭園」というように単語を並べても面白い結果が得られるはずです。そんな試みをしているうちに、「そうだ、『有名』という言葉を追加すれば？」「イギリス式とフランス式を対比させよう」などと発想が広がっていくでしょう。

こうして「ベストのキーワードは一つ」という思い込みを外し、目的とする情報に迫っていくのです。

▼答えを探すには問いかける

検索結果との対話は、「何を考究したいのか」「何を発信したいのか？」を意識することでスムーズになります。次のように自問自答しながら、検索結果と対話してみてください。次項の「ヨコ、タテ、ナナメ」の発想法にもつながっていきます。

・「そもそも」と原点に戻る
・「結局は」と先を見通す
・「もしも？」と仮定してみる
・検索結果に「本当にそうなの？」「なぜ？」と問いかける
・たとえば「人生」という本論を「生き方」「成功法」「人生問題」といった各論に分割する

なお、検索結果を見る時は「スニペット表示」を利用します。

検索をすると、ヒットしたページの内容の一部がディスプレイに数行ずつ並びます。これがスニペット表示です。ざっと眺めるだけで、「このページは使えそうだ」「これはスキップ」などと判断できる便利な機能であるうえ、新しいキーワードを見つける宝庫でもあります。「いい言葉がないか？」と意識しながら見てください。

2　キーワードをヨコ、タテ、ナナメに変えてみる

▼類語と表記揺れからも発想転換はできる

検索の汎用的な手順の説明を続けます。

④ヨコ、タテ、ナナメにキーワードを広げる

上手にキーワードを広げるには、ヨコ、タテ、ナナメの発想の習慣化がお勧めです。シソーラスは語彙を概念によって同義語、関連語、広義や狭義などの階層に整理します。ヨコ、タテ、ナナメも似ていますが、そんな厳密な構造化ではありません。実践に即して自由に考えてください。分類も恣意的でOKです。

【ヨコ】

類語（同義語も含みます）を当たります。

goo辞書やweblioなどの類語辞典で探すと、ジャガイモなら馬鈴薯、ポテト、ジャガタライモといった類語が出てきます。これをキーワード候補に加えるのです。

カボチャのように、南瓜、唐茄子、ぼうぶら、南京、パンプキン、スクワッシュなどと類語が多い場合は、ピンときた類語を辞典で確かめて絞り込むといいでしょう。南瓜は、「かぼちゃ」「なんか」「ぼうぶら」と読むことがわかったりして予備知識にもなります。

人物なら、幼名、諱《いみな》、フルネーム、各種の号、通称、愛称、変名などが類語に相当します。類語を当たったら表記揺れも調べましょう。次の六パターンが代表です。ちょっとした違いで検索結果が左右されたりするので、私は「ヨコ」を類語プラス表記揺れで考えています。

(a)文字の種類

「ジャガイモ」「じゃがいも」「じゃが芋」「ジャガ芋」といった、ひらがな、カタカナ、漢字の違い、およびその組み合わせによる異同です。

(b)漢字の異同

「格差と較差」「臭いと匂い」などは読みは同じでも意味が微妙に異なります。

(c)送りがなの違い

「申し込み」「申込み」「申込」といった異同です。

(d)人名

「渡辺」「渡邊」「渡邉」は異なる人物かもしれません。

(e)カタカナ語

図9　ヨコ・タテ・ナナメ発想の例

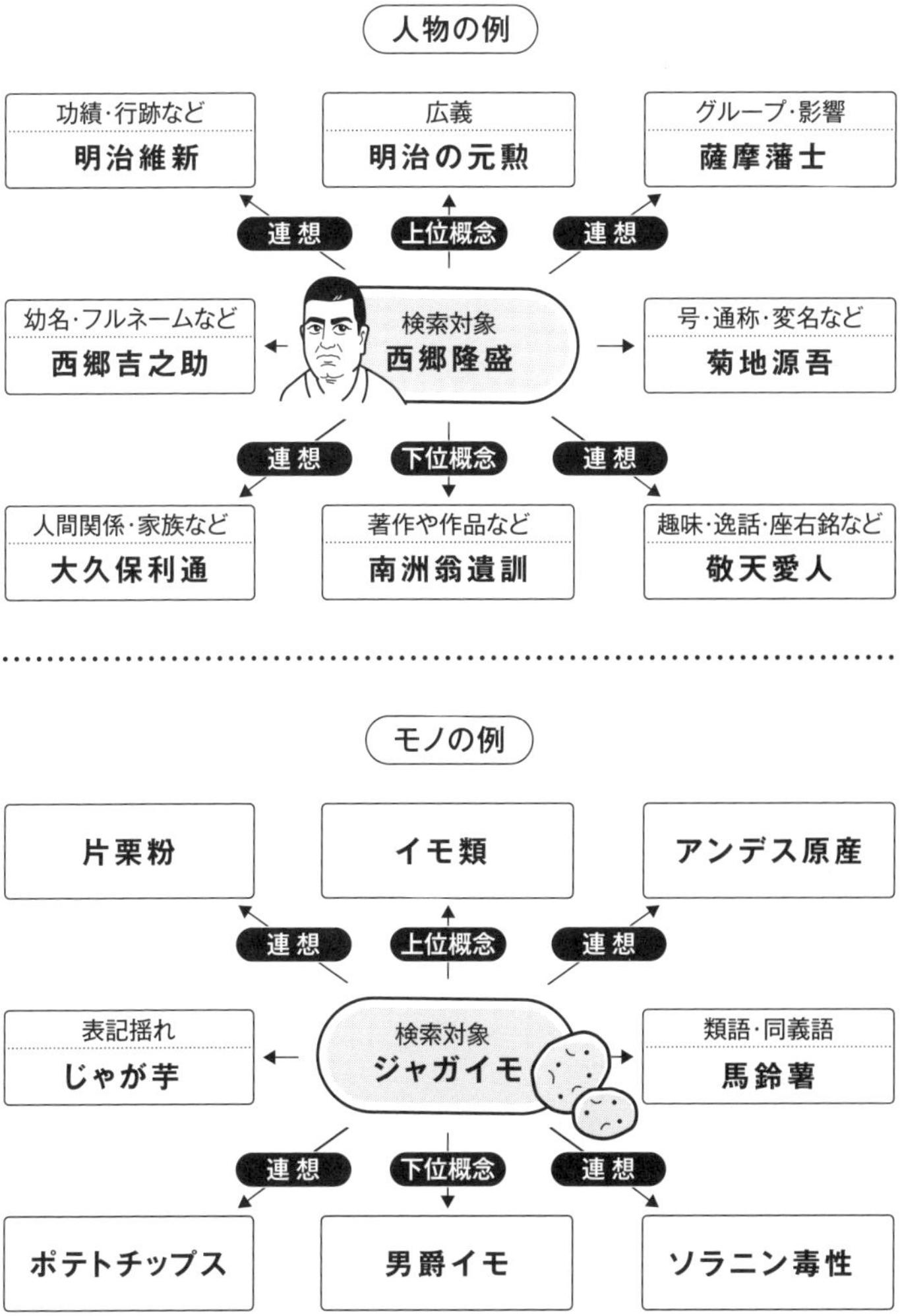
人物の例
功績・行跡など
明治維新
広義
明治の元勲
グループ・影響
薩摩藩士
連想
上位概念
連想
幼名・フルネームなど
西郷吉之助
検索対象
西郷隆盛
号・通称・変名など
菊地源吾
連想
下位概念
連想
人間関係・家族など
大久保利通
著作や作品など
南洲翁遺訓
趣味・逸話・座右銘など
敬天愛人
モノの例
片栗粉
イモ類
アンデス原産
連想
上位概念
連想
表記揺れ
じゃが芋
検索対象
ジャガイモ
類語・同義語
馬鈴薯
連想
下位概念
連想
ポテトチップス
男爵イモ
ソラニン毒性

「プリンタとプリンター」「ウイスキーとウィスキー」「テキストとテクスト」「ギリシアとギリシャ」のような違いが検索結果を左右したりします。

(f)英語のスペル

「whisky と whiskey」「disc と disk」では概念も違ってきます。

検索のモレをなくすには、ヨコ発想を突き詰めることが必須です。

▼切り口を固定しない

【タテ】

上位概念と下位概念を当たります。

両者の関係はNDCで理解してください。NDCは上位概念である一桁目を、二桁目、三桁目と下位概念に分割していく分類だからです。それでわかりにくい場合は、上位↕下位を「一般的↕個別的」「全体↕部分」「抽象↕具体」「広義↕狭義」とざっくり考えていきます。

たとえば西郷隆盛の上位概念は「明治の元勲」「薩摩藩士」「陸軍大将」から「男性」「日本人」まで、いくつもあるでしょう。でも、要は自分の検索に使えるキーワードが見つかればいいと楽に構えましょう。

「西郷隆盛の下位概念って何?」と困惑することもありません。著作や業績を想起してください。次のナナメの発想と重複していいのです。

【ナナメ】

連想をきかせて関連語を探します。

検索の目的がはっきりしている場合は特に有効で、慣れるとキーワード探しで行き詰まることがゼロに近くなります。コツは切り口を柔軟に変えることです。対象が人物なら、次のように自問自答すれば連想が容易になります。辞書系のサイトやデータベースを読んで、ネタを広げてください。

「業績や及ぼした影響は？」「著作や伝記は？」「思想や信仰は？」「友人や人間関係は？」「所属の組織やグループは？」「上司、主君や部下は？」「家族、親族、祖先や子孫は？」「逸話やスキャンダルは？」「性格や趣味は？」「出身地、出身校は？」「生きた時代や土地は？」

▼一ページ目でスクロールを終えない

⑤あきらめずに検索を続ける

検索結果を何ページもスクロールして探す人は、意外に少ないものです。読むのは二〜三ページの人が大半で、一ページ目の上位のサイトしか見ない人も少なくありません。

生活情報ならそれでもいいのですが、専門情報では多くのモレが生じる恐れがあります。

よく似た内容のページばかりが並んでうんざりしても、思わしい結果や新しいキーワードが得られるまで、がんばってスクロールしましょう。でなければ、もっと適切な別のデータベースを探すのが得策です。

▼外国語はいつも発想の強い援軍

⑥英語でも検索する

インターネット全体で圧倒的に多いのは英語のページです。

日本の政府機関や企業、大学などのホームページでも、日本語のほかに英語のページを設けるケースが増えてきました。諸外国も事情は同じです。自国語プラス英語による情報発信が標準化されつつあります。

国連や、その専門機関であるユネスコ（国連教育科学文化機関）、ＷＨＯ（世界保健機関）、あるいはＯＥＣＤ（経済協力開発機構）といった国際機関は、必ず英語で発信しています。そういう機関の情報は、信頼性も担保されています。英語が苦手でも自動翻訳機能を使えば、だいたいの意味をつかむことが可能です。臆さずに、英語で検索してみましょう。

中国語やスペイン語、フランス語といった英語以外の外国語のページも膨大です。自動翻訳機能を使って検索すると、世界が一挙に広がります。

3　約束事を順守して効率を上げる

▼AND、OR、NOTを改めて覚える

「小さな約束こそきちんと守れ。でないと信頼を大きく損なう」とよくいわれます。検索にも小さな約束事があり、守らないとスキルが落ちる原因になります。

約束事とは、「AND」（×かける＝論理積）、「OR」（＋足す＝論理和）、「NOT」（－引く＝論理差）という演算子を使うことと、「フレーズ検索」の四つです。知らなかったり、軽視したりしてきた方は、ここで使い方を覚えましょう。

【AND】

「複数のキーワードの全部が含まれる」という条件を示します。

「A　AND　B」と入力すれば、AとBの両方が含まれるページが検索されるわけです。そのため、検索結果を絞り込む時によく使われます。牛肉のレシピを知りたい場合は「牛肉　A

ND　レシピ」と入力すれば、求める情報がヒットします。
ANDはスペースで代用でき、「A　B」とすればAND検索ができます。

【OR】

「複数のキーワードのどれかが含まれる」という条件を示します。
「A　OR　B」と入力すれば、Aを含むページとBを含むページが表示されるわけです。そのため、検索の幅を広げる時によく使われます。キーワードの類語や表記揺れが多くて検索モレが起きそうな時、モレを防ぐのにも便利です。
牛肉と鶏肉の両方のレシピを知りたい場合は、「牛肉　OR　鶏肉」という集合をつくってから、ANDで「レシピ」をかけ合わせます（a）。

【NOT】

「複数のキーワードのどれかを含み、どれかを含まない」という条件を示します。
「A　NOT　B」と入力すればAが含まれるページだけ検索され、Bが含まれるページは検索されないわけです。そのため不要な検索結果を排除する時によく使われます。
スネ肉以外の牛肉のレシピを知りたい時は、「牛肉　NOT　スネ肉」という集合をつくってから、ANDで「レシピ」をかけ合わせます（b）。いきなり「牛肉　AND　料理」で検索すると、スネ肉料理も多数ヒットして選別が大変ですが、それを防ぐことができるのです。

図10　**AND・OR・NOTの使い方**

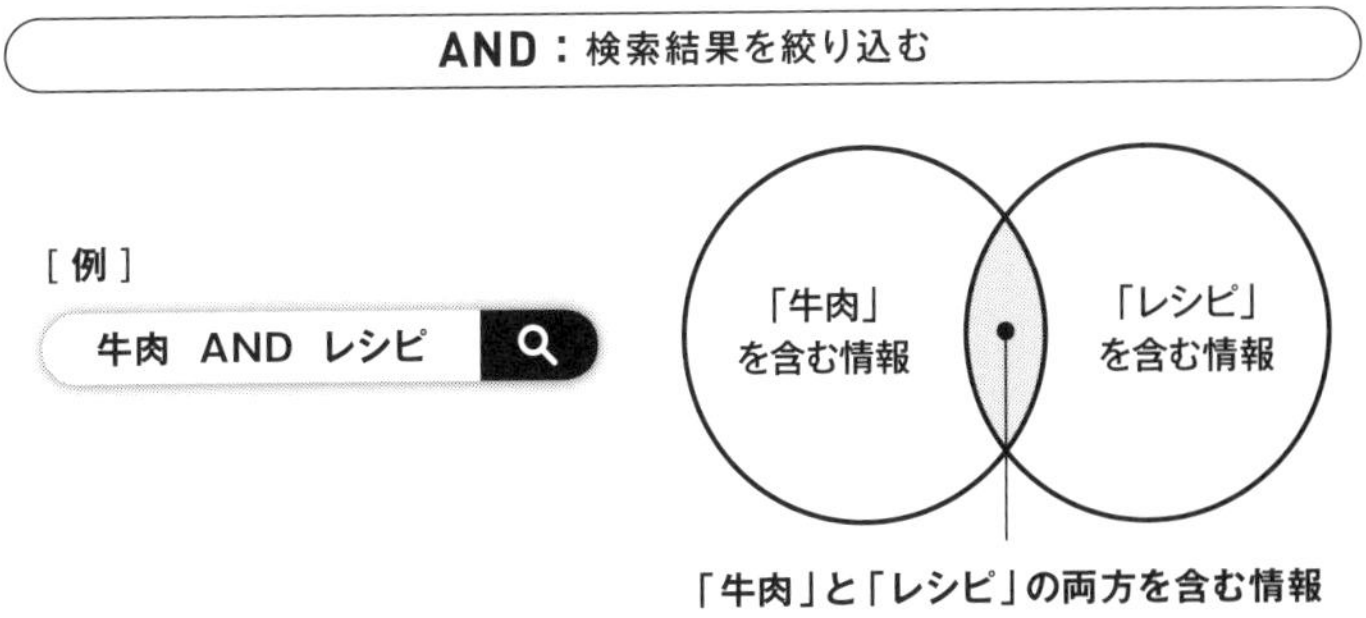
AND：検索結果を絞り込む
[例]
牛肉 AND レシピ
「牛肉」を含む情報
「レシピ」を含む情報
「牛肉」と「レシピ」の両方を含む情報

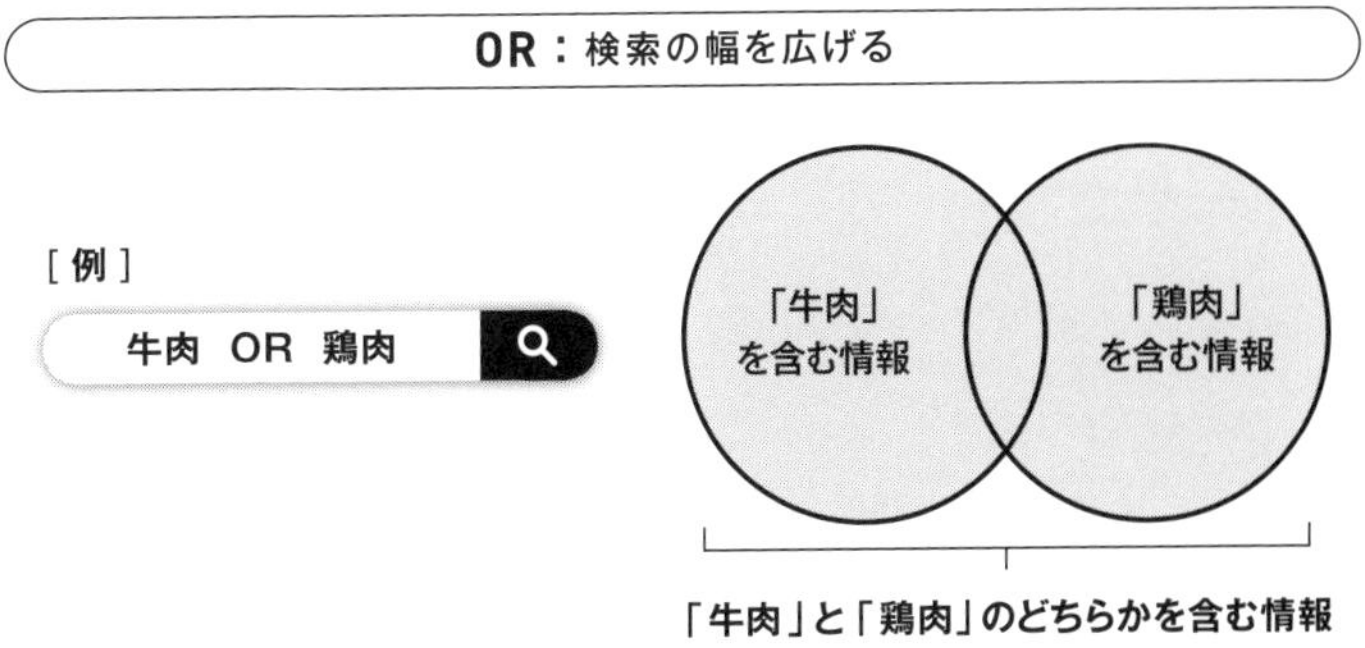
OR：検索の幅を広げる
[例]
牛肉 OR 鶏肉
「牛肉」を含む情報
「鶏肉」を含む情報
「牛肉」と「鶏肉」のどちらかを含む情報

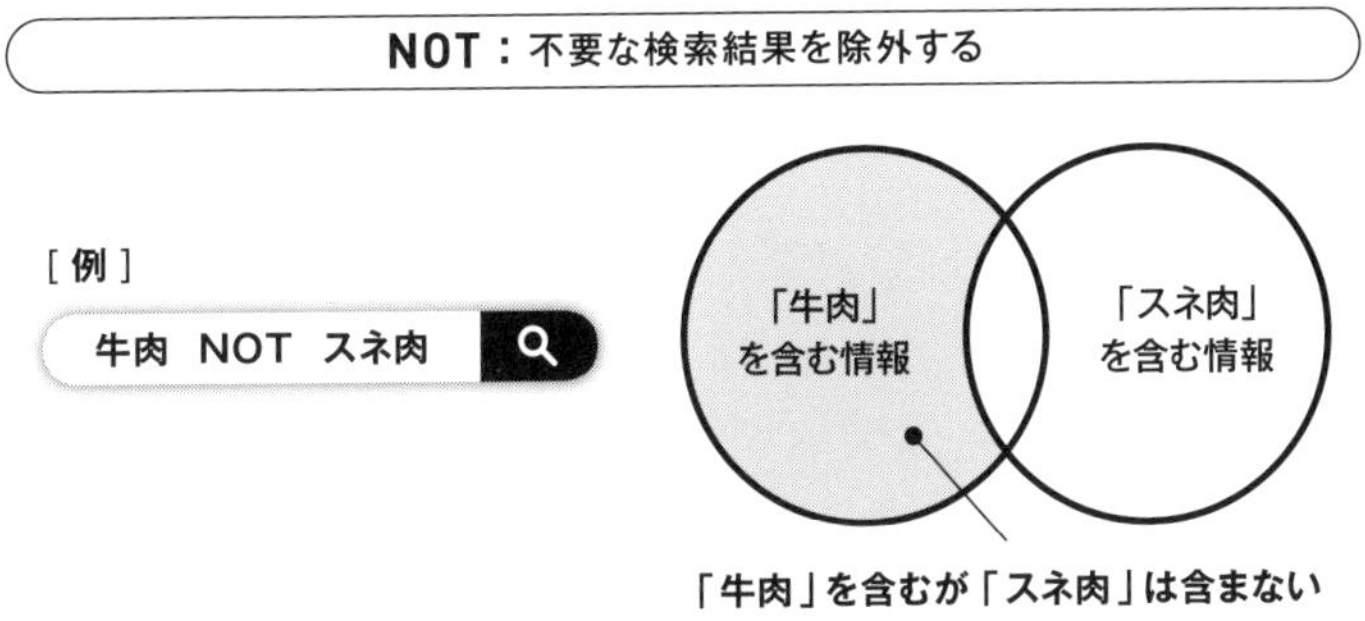
NOT：不要な検索結果を除外する
[例]
牛肉 NOT スネ肉
「牛肉」を含む情報
「スネ肉」を含む情報
「牛肉」を含むが「スネ肉」は含まない

グーグルの場合、NOTは「-」（半角マイナス）で代用できます。「A　-B」と入力するのです。慣れるととても便利な機能です。

これらの三つの演算子には優先順位があることに注意してください。

通常はANDがORやNOTよりも優先されます。そのため（a）や（b）のようにANDよりもORやNOTを優先したい場合は、後者をカッコで囲む必要があります。

（a）の場合、「牛肉　OR　鶏肉　レシピ」と入力すると、「牛肉＋鶏肉×レシピ」と扱われてしまいます。「鶏肉×レシピ」という集合に「牛肉」を足されてしまうのです。目的を達するには「（牛肉　OR　鶏肉）　レシピ」とします。（b）の場合も同様です。

▼フレーズ検索を巧みに織り込む

【フレーズ検索】

「複数のキーワードが示された順に並んでいる」ページを検索する方法です。

キーワードの前後に「〃」（ダブルクォテーション）をつけます。「〃ABC〃」と入力すれば、「ABC」の順に並んでいるページだけが表示され、「BCA」「BAC」「CBA」「CAB」などのページは示されません。

図11　AND・OR・NOTの優先順

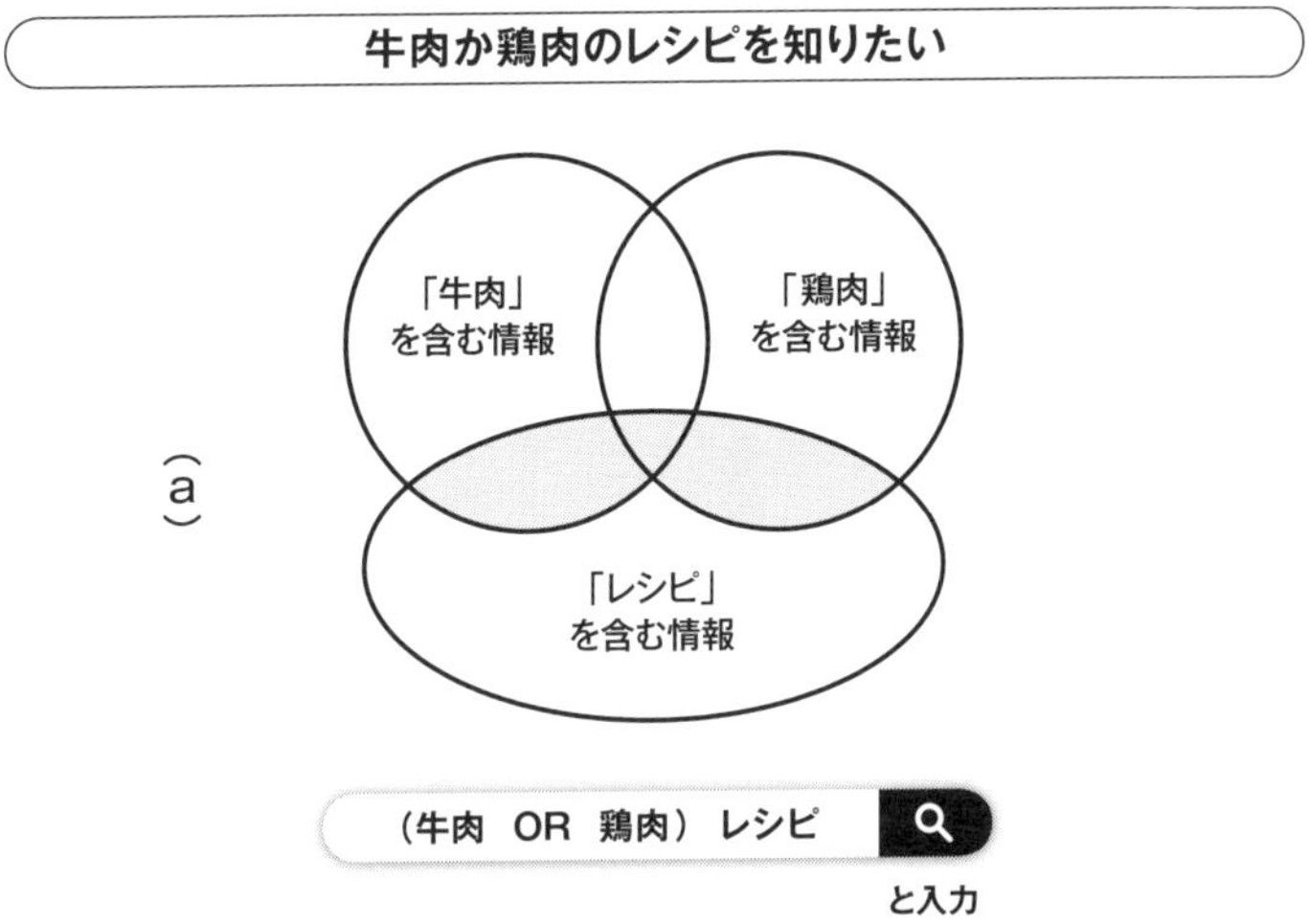

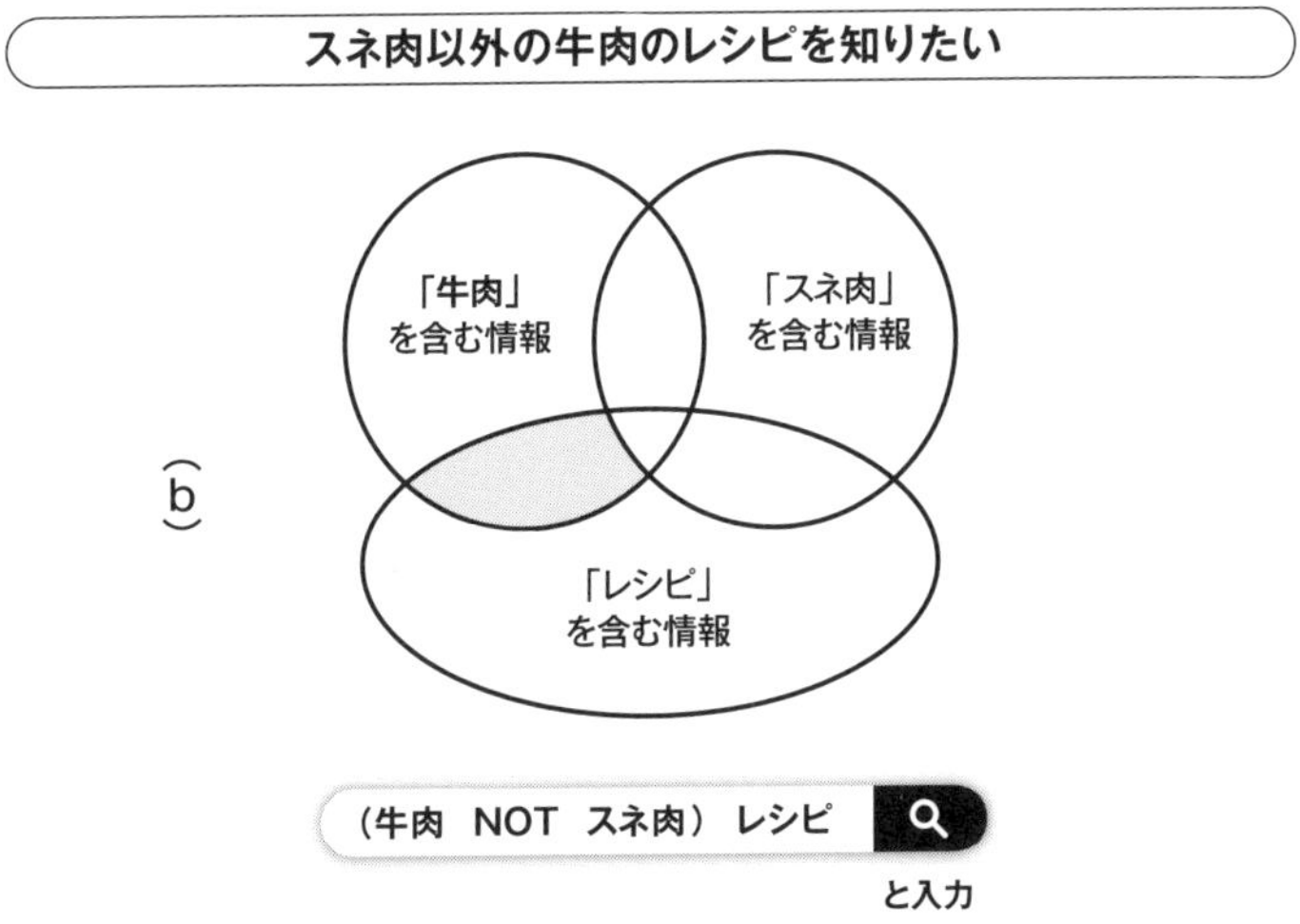

フレーズ検索をすれば、たとえば「世界一美しい図書館」という順に並んだ言葉だけが含まれる情報を探せます。「〞」をつけないと、「世界の美しい図書館」「〇〇の世界のように美しい図書館」などもヒットし、微妙に結果が違うわけです。

語順によって意味が変わり、語と語がスペースによって区切られる英語などの言語では、フレーズ検索は必須です。日本語では必須とはいえませんが、語順を変えたくない長めのフレーズで検索する時は有用です。AND、OR、NOTの検索だとノイズが大量に表示されてしまう場合などにも試してみましょう。

なお、「〞」の入力は、シフトキーを押しながら「2」を押します。

▼完全一致検索でノイズを減らす

検索はANDとORを使えば、だいたい足ります。それで困った時はNOTとフレーズ検索を使えばいいのですが、フレーズ検索に関連して**完全一致検索**についても説明しておきましょう。キーワードと完全に同じ言葉が含まれるページだけを検索する方法です。

「前方一致」「後方一致」「中間一致」と比べると概念がわかりやすいと思います。

OPACで岩波書店の雑誌『世界』を検索しようとして、「世界」というキーワードを入力した場合を見てみましょう。

・前方一致だと「世界子供白書」もヒットする
・後方一致だと「イスラム世界」もヒットする
・中間一致だと「ユネスコ世界遺産年報」もヒットする

完全一致検索なら、「世界○○」「○○世界」「○○世界○○」をすべて排除し、「世界」だけのページを探せるわけです。

　完全一致検索のやり方はデータベースごとに違います。

　ＣｉＮｉｉ　Ａｒｔｉｃｌｅｓなら、スラッシュ（／）を用います。「山田勝」氏の論文を探す場合、〈著者項目〉に「山田勝」と入力すると「山田勝雄」「山田勝也」「小山田勝美」「小山田勝」といった関係のない情報がヒットしてしまいます。そこで「／山田勝／」と前後にスラッシュをつけて、完全一致検索をするわけです。

　ちなみに、この方法は、ＣｉＮｉｉ　Ａｒｔｉｃｌｅｓでは使え、ＣｉＮｉｉ　Ｂｏｏｋｓでは使えなかったりします（２０２０年7月時点）ので注意が必要です。

　なお、ＣｉＮｉｉ　Ｂｏｏｋｓのように〈タイトル完全一致〉という選択肢ボタンがあれば、「〃」や「／」を入力する手間が省けます。選択肢の表示がない場合もヘルプにやり方が書いてあることが多いので、よく使うデータベースについては調べてみましょう。

各種のデータベースでは、こうしたルールは厳密に適用されます。データベースやサーチエンジンによって入力方法などに多少の異同がありますので、本書のやり方でうまくいかない時は、それぞれのヘルプやマニュアルを参照してください。

▼検索に最も役立つキーはCtrl＋F

キーワードを次々と変えて検索を続けるには、キー操作をスムーズにする工夫も大切になります。役立つショートカットキーを、いくつかまとめて紹介しておきましょう。OSがWindowsの例をあげますが、Macにも同様のキーがあります。

まず、コントロールキーとの組み合わせです。

【Ctrl＋F】（検索）

コントロールキーとFキーを同時に押すと、画面のどこかに検索窓が現れます。キーワードを入力するとハイライトされ、簡単に目視できます。

スニペット表示では、検索キーワードが太字で強調されるのが普通ですが、該当ページを表示すると強調されなくなり、キーワードが見つかりにくくなるものです。そんな時も、このキー操作によって一発で探し当てられます。

Ｃｔｒｌ＋Ｆは、そのほかのいろいろな局面でも重宝です。学生に利用講習会をしたあとのアンケートでも、「知ってよかった！」の上位項目にいつもあげられます。

【Ｃｔｒｌ＋Ｃ】（コピー）

範囲を指定した部分をコピーします。

【Ｃｔｒｌ＋Ｘ】（切り取り）

範囲を指定した部分を切り取ります。

【Ｃｔｒｌ＋Ｖ】（貼り付け）

コピーしたり切り取ったりした部分を貼り付けます。

右の三つは、マウスとキーの操作を組み合わせた「範囲を指定して、右クリックでコピーを選択」「右クリックで貼り付けを選択」などと同じ機能ですが、キー操作だけのほうが素早く行えます。

▼キー操作を減らして生産性を上げる

次に、ファンクションキーです。キーワードを英語にしたり、一部をアルファベットや数字、カタカナにしたりする時は、次のファンクションキーを使いましょう。

【Ｆ10】（半角英数）

入力した文字を半角英数字に変換します。

【F9】（全角英数）

入力した文字を全角英数字に変換します。

【F7】（全角カタカナ）

入力した文字を全角カタカナに変換します。

日本語入力モードでアルファベットを入力する時、「半角／全角」キーで英数モードに切り替えている人を、よく見かけます。しかし、F10、F9を使うほうが、はるかに快適です。

F10、F9ともに、キーを押すごとに、「すべて小文字に変換する」↓「すべて大文字に変換する」↓「最初の1文字だけ大文字に変換する」と、順々に切り替わることも覚えておきましょう。

なお、F8は、入力した文字を半角カタカナにするキーです。


「ショートカットキー」で検索すれば一覧的に説明するページがたくさんヒットしますから、好みのリストを印字して、見やすい場所に貼っておくとよいかもしれません。

いい自己投資をすれば、その何倍もの成果が得られます。ショートカットキーを手に覚え込ませるという少しの投資で大きな時間を節約し、その時間を知的生産に振り向けてください。

第7章 ◎ 情報学ガイド

世界の視点で受信と発信を見直す

1

日本は「情報貧国」へと失速しているのか

▼自分の論文を読むと課金される？

「自分の論文を読もうとすると、課金されるんだ」

研究者Aさんが、そうグチったことがあります。

「論文をエルゼビアの電子ジャーナルに掲載した。ところが、その論文を著者の私が無料でダウンロードできる期間は限られててね。うっかり期限を過ぎた今ダウンロードしようとしたら課金画面になる。自分の論文を、お金を払って買わなくちゃならないってワケだ」

この時は「次からは期限を忘れないぞっ（笑）」というオチで話は終わりました。でも本当は笑えないよなあ、と思わされたものです。ここにデジタル化がもたらす世界的な情報環境の変化と問題が凝縮されているからです。

順を追って説明しましょう。

図書館学者ランガナタンは「図書館は成長する有機体である」とも述べています。

図12　ランガナタンの図書館学五法則

1. **本は利用するためのものである**
Books are for use.

2. **すべての人にその人の本を**
Every reader his or her book.

3. **すべての本をその読者に**
Every book its reader.

4. **図書館利用者の時間を節約せよ**
Save the time of the reader.

5. **図書館は成長する有機体である**
Library is a growing organism.

デジタル化が有機体の成長に革命をもたらしたことは言うまでもありません。

図書館は情報館に変身し、世界中の書籍や新聞・雑誌から論文、画像、動画、音楽まで、人類の知的生産物の大半にリアルタイムでアクセスできるようになりました。

システムも絶えず整備され、使い勝手は日進月歩でパワーアップしています。大学に所属する人なら、膨大なコンテンツを学外から二十四時間利用できるようになるのも、そう遠くないでしょう。自宅のリビングがいつの間にか巨大な世界図書館になっていく感覚です。

私たちは途方もない革命のただ中に生きていると言っていいのです。

革命には光と影の両方があります。身近

な影の部分として次の二つがあげられるでしょう。

①情報を使えなくなるリスク

②資本の論理が過大化するリスク

ここから、オープンアクセスやダークアーカイブといった改革も生まれました。

▼買った情報が勝手に消される

①情報を使えなくなるリスク

デジタル化は、不測の事態によって情報が使えなくなるリスクを高めました。

紙の時代の情報の購入は、現物を「所有」して永続的に利用することを意味しました。水害や地震などによって現物が毀損される危険はあるものの、それはひんぱんに起きることではありませんでした。

しかし、デジタル情報の購入は所有を意味しません。インターネットを介した「利用権」の確保にすぎなくなったのです。利用権は相手の都合で簡単に遮断されます。そのため「昨日は使えた情報が使えない、消えた」といった事態が発生しやすくなったのです。

実際、二〇〇九年にはアメリカで個人が購入した小説二点がキンドルから消えて話題になっています。それがジョージ・オーウェルの『一九八四』『動物農場』だったために「ビッグ・

ブラザーが勝手に情報を消したのだ」と冗談と本気が半々の話が飛び交ったものです。[1] 販売元のアマゾンが著作権上のミスに気づいて削除したのですが、電子ブックは購入しても消えることがあるという事実が表面化した事件でした。

▼危険を担保するダークアーカイブ

電子ジャーナルを継続購入している大学や研究所など（以下「大学」）は、もっと大きなリスクを負います。購入契約を中止すると、次の号からだけでなく、バックナンバーまでアクセスできなくなることです。

それを避けるために大学は追加料金を支払って、契約中止後のアクセス権であるアーカイブ権を確保しています。しかし、出版社が倒産すればそれも御破算。購入したデジタル資料が全面的に閲覧不能ということになりかねません。

ほかにも、出版社の都合でバックナンバーの供給が停止される、災害によって出版社とのアクセスができなくなるといった危険もあります。

そういうリスクをカバーするために、大学と出版社は共同でダークアーカイブという一種のバックアップをつくりました。保存されているコンテンツに通常はアクセスできず、出版社の倒産や災害といったトリガーイベントが起きた場合のみアクセスできるようになっています。

ダークアーカイブで有名なのは、スタンフォード大学が主導し世界の主要な図書館、学術出版社が共同運営するＣＬＯＣＫＳＳ《クロックス》でしょう。アメリカの非営利団体Ｉｔｈａｋａ《イサカ》が運営するＰｏｒｔｉｃｏ《ポルティコ》も大規模です。

▼資本の論理から情報を自由にする

②資本の論理が過大化するリスク

デジタル化は学術出版社と情報利用者の関係にも変化をもたらしました。

もともと学術雑誌は、出版社が価格決定権を握りやすい構造です。研究者は自信のある論文ほど有力学術雑誌に発表したいと望みます。それによって論文や研究者自身の評価が高まる傾向があるからです。

いきおい有力学術雑誌には質の高い論文が集まり、必読の存在になります。つまり、有力学術雑誌は掲載希望者が減ることもなく、読者が離れることもないのです。

そこに、デジタル化に要した巨額の投資を回収するという資本の論理が加わりました。出版社が学術電子ジャーナルの価格を毎年のように値上げし始めたのです。

さらに欧米の出版社が企業買収によって寡占化されたこと、論文数が世界規模で激増したことがあいまって、学術電子ジャーナルは極端な高騰状態になりました。

その結果、多くの大学で予算が不足し、必要資料の購入を打ち切らざるを得ないほどになったのです。これをシリアルズクライシス（学術雑誌の危機）といいます。学術分野の世界的な問題でした。

資本の論理に翻弄されている学術情報を研究者の手に取り戻し、自由にしなければなりません。そこで一九九八年にアメリカ研究図書館協会がＳＰＡＲＣ《スパーク》という国際的組織を立ち上げました。ヨーロッパでも二〇〇二年に欧州研究図書館協会がＳＰＡＲＣ　Ｅｕｒｏｐｅを立ち上げます。わが国も二〇〇三年に国立情報学研究所がＳＰＡＲＣ　Ｊａｐａｎを開始しました。

これらのＳＰＡＲＣは協力して、シリアルズクライシス解消に動きます。

▼衝突からオープンアクセスによる共存へ

まず、さまざまな学会が出版社に頼らずに学術雑誌を発刊することを支援しました。学会の刊行雑誌をＳＰＡＲＣ加盟の図書館が買い支えて発展させる戦略でした。

しかし、出版社と正面衝突するこの戦略には限界があり、ＳＰＡＲＣは徐々にオープンアクセス運動支援へと戦略を変えていきます。

オープンアクセスを再定義すると「学術雑誌に掲載された論文をインターネット上で、誰でもどこからでも、無料で利用できる状態にすること」をさします。

ＳＰＡＲＣに所属する図書館をはじめ、大学、学会、研究助成団体が活発な議論を行いました。それはメディアに広がり、出版社をも巻き込むムーブメントになっていきます。

今、日本のＣｉＮｉｉ ＡｒｔｉｃｌｅｓやＪ-ＳＴＡＧＥで論文の全文にアクセスできるのはオープンアクセスのお陰なのです。

オープンアクセスになると出版社が不利益をこうむるように感じます。しかし、出版費用の一部を著者や大学、学会などが負担する「ＡＰＣ《エーピーシー》」（論文掲載料）などによって、出版社、著者、読者がウィン・ウィン・ウィン（三方一両得）になるシステムになっています。

▼自由の対価は安くない

ここで話は「自分の論文に課金される」という研究者Ａさんのグチに戻ります。グチの原因は二つに要約されると思うのです。

一つは、論文をオープンアクセスで発表しなかったことです。それがＡＰＣが高額だったためなのか、オープンアクセスをあまり重視していないからなのかは聞きもらしました。

いずれにしても、実際にＡＰＣは安価ではないようです。京都大学の「ＡＰＣ支払状況」によると、二〇一八年度の掲載料は推計値で最大一億九千万円となっています。二〇一六年度は一億一千万円なので、三年間で七割の急増です。[2] 論文の自由の対価はそれなりに高いのです。

日本では、オープンアクセスはまだ発展途上なのかもしれません。

一方、エルゼビアは「さまざまな出版方法を組み合わせたオプションを提供しているので、著者は論文の出版方法を選ぶことができます。オープンアクセスに対する需要は高まっており、エルゼビアは研究者の要望に応えるべく努力をしています[3]」とうたっていますが、現実にはどうなのでしょうか。

日本の論文流失が止まらない

Aさんのもう一つの問題は、論文を紀要や機関リポジトリではなくエルゼビアで発表したことです。そのこと自体は研究者として当然ともいえますが、エルゼビアが海外の出版社であることが問題なのです。

インパクトファクターの高い有力学術雑誌は欧米に集中しています。前出の『ネイチャー』はイギリス、『サイエンス』『セル』はアメリカでした。医学の有力誌だと、『ニューイングランド・ジャーナル・オブ・メディシン』はアメリカ、『ランセット』はイギリスといった具合です。

有力な日本人研究者の論文がこのような海外の有力学術電子ジャーナルに流れる現状は、一種の頭脳流出のように思われます。

世界に通用する論文は英語で執筆されるため、欧米の雑誌が強いのは仕方がないのです。それでも有力電子ジャーナルが何誌か日本にあれば流出を減らすことができます。

しかし、日本の学術雑誌はインパクトファクターで不利なために空洞化しつつあります。日本の有力研究者が海外に投稿せざるを得ないという負のスパイラルが生じているのです。


私は、こうした問題を調べ始めた二十年ほど前には「二十一世紀にはアジアからも世界の一流誌が登場する。それは日本発に違いない」と思っていました。

しかし現在のところ、残念ながらそうはならなかったようです。

逆に最近は、日本の学術研究のかげりが指摘されるありさまです。二〇一七年八月に文部科学省科学技術・学術政策研究所が国内外の研究動向を分析した報告書では、世界に影響を与える論文の国際シェアで日本は九位まで落ちたとされています。[4]

自然科学部門のノーベル賞受賞者は、日本はアメリカに次いで世界第二位を誇ります。有力論文の数も世界の上位にあると見て間違いないでしょう。そのほとんどが海外の有力雑誌に掲載されていると推定されます。

経済的損失に加え、競争優位性や情報競争上の損失も相当額に及ぶと考えられるのです。その損失が知的生産の足かせにならないことを願います。

▼新しい著作権ルールCCを知っておく

論文の話に関連して、著作物の適正な再利用を促進させる世界的な潮流であるCC（クリエイティブ・コモンズ）ライセンスの概要をここで覚えておきましょう。

CCライセンスは、著作者自身が、自分の著作物を、どういう条件なら再利用してよいかをロゴマークによって明確に示したものです。次の四条件を組み合わせた六種類があります。①表示（作品のクレジットを示す）、②非営利（営利目的で利用しない）、③改変禁止（作品を改変しない）、④継承（再利用した作品は元の作品と同じ形のCCライセンスで公開する）。

CCによって、著作者は著作権を保持しながら一部を開放できるようになりました。ライセンスの組み合わせ方で、自分の作品をどう流通させたいかという意思表示をすることも可能になったのです。

利用者も、ロゴが何を示すかは「CCライセンス」で検索すれば簡単に調べられますから、安心して再配布や改変ができます。

CCライセンスはネット時代の新しい著作権ルールとしてグローバルスタンダードとなり、論文などの著作物だけでなく、画像、動画、音楽といった広いジャンルに用いられるようになりつつあります。

2 図書館をビジネス化していいのか

▼無償支援は長期的な価値をもたらす

「図書館をビジネスにすれば？」と、ある新聞記者から問われたことがあります。図書館がやるべき事業やレファレンスの重要性を説明した時のことです。「どれも大きな収益を生むんだから、無償提供はもったいないですよ」という趣旨でした。

いくつかをビジネスにすれば「図書館は金食い虫だ」という的外れな批判も解消できます、という親切な含意があったと思います。そのため異は唱えませんでした。

しかし、図書館は利潤を追求するビジネスにはなじまないというのが私の考えです。

図書館は膨大な時間とコストが蓄積された知的インフラであり、教育と同じように国家百年の計に位置づけられます。計画的、永続的に築いていく文化事業であり、有料化して儲けるという話とは次元が違うと感じるのです。

むしろ、図書館が無償の支援によって長期的な価値を生んでいる面を評価すべきでしょう。

大英図書館では経済学的手法を用いた価値測定を実施しています。試算によると、大英図書館が一年間に生み出す価値は、利用しない人への間接的効果を含めて五億二千七百三十万ポンド（約七百七十五億円）にのぼるそうです。[5] 大英図書館の運営経費は一億八百三十万ポンドなので、五倍近いリターンを生んでいることになります。

図書館の無償の支援によって成功の礎を築いた人物は無数にいます。

アメリカの投資家ウォーレン・バフェットがそうです。故郷ネブラスカ州の図書館に通い詰めめ、十歳の時（一九四〇年）には「金融」という言葉がタイトルに入っている本はすべて二回ずつ読んだと語っています。[6] コロンビア大学生になっても、図書館を使い倒す習慣は変わりませんでした。大学図書館にこもり、一九二九年からの古い新聞を何時間も読んで時代の動きをつかみ、投資のアイデアを磨いていました。[7]

中流階級生まれのバフェットが一代で数百億ドル（数兆円）の資産を築き、世界屈指の富豪になったことを考えると、国は違えど、大英図書館の試算はきわめてリアルに思えます。

情報の平等が健全な競争の土台

情報は万人に平等に無償で開かれるべきです。情報の平等が健全な競争の土台になるからです。図書館は常に、その中心的役割を果たしてきました。平等と無償を継続するために、世界の激変にも先取り的に対応してきたのです。

たとえば私が入職した四十年ほど前の図書館は「ハコモノ」の代表で、図書館というハコにいないと仕事はできず、情報を扱うこともできませんでした。ところが、そんな当時から大学は電子図書館構想を持っていたのです。

一九八六年には、それが「法学部文献情報センター」として実現されました。本は一冊もなく、パソコンだけが置かれた「図書館」です。インターネットはなく、パソコン通信。パソコンもずっしりと重いブラウン管モニターのデスクトップでした。

でも「これが持ち運び可能になれば、ライブラリアンは紙の資料を離れてもっと軽やかに仕事ができるようになる」とワクワクしたものです。

▼「世界図書館」の夢と毒

その後二〇〇〇年代半ばになると「世界中の情報を整理し、世界中の人がアクセスできて使えるようにすること」を創業理念の一つに掲げるグーグルが「世界電子図書館構想」を唱えました。世界中の図書館の本をスキャンしてデジタル化し、事実上のオープンアクセスにして全文検索を可能にするというのです。一般的にはグーグルブックスと呼ばれています。

この構想は発表当時、人類が蓄積した知識がすべての人に行き渡るという夢の実現だと受け止められました。国を超えて期待が高まったものです。

しかし、すぐに危険視されるようになりました。

たとえばフランス国立図書館館長だったジャン＝ノエル・ジャンヌネーは、構想が実現すれば、アメリカの一企業にすぎないグーグルが文化の世界で独占的地位を占めるようになることに強く異を唱えています。[8] 情報が商業的な要因によって巧妙に操作され、潜在的な検閲につながる恐れがあるというのです。

確かに文化は多元性、多様性に支えられています。さまざまな言語や民族、価値観が共存し、小規模な図書館や出版社が独自に活動することが欠かせません。独占とは相反する世界です。最近のＩＴ業界は、ＧＡＦＡ《ガーファ》（グーグル、アップル、フェイスブック、アマゾン）といった巨大企業の寡占化によってイノベーションが起こりにくくなっているとしばしば指摘されます。グーグルの構想は、そんな寡占化の毒が混じった幻想だったのかもしれません。

結局、著作権などの問題もあり、グーグルの構想は頓挫しました。現在のグーグルブックスは著作権が切れた本は全文が公開されているものの、著作権が存続中の本は販売サイトを表示するようになっています。電子図書館というよりも、大規模データベースといったほうがいいでしょう。デジタル化された本や情報は、さまざまなデータベースに集積されるようになったのです。それは多元性、多様性の担保ともいえるでしょう。

一方で問題もあります。データベースには有料が多いことです。かなりの料金を払わなければ利用できない情報が急増したわけです。

そのため、今日の図書館は有料データベースと契約して「万人に無償で提供する」機能にも重点が置かれつつあります。

高額なデータベースをすべての図書館が備えるのは難しいでしょうから、全国に拠点図書館を定めて集中整備し、周辺の中小図書館を支援する仕組みをつくっていくことが望まれます。大阪市立中央図書館のように、市内の地域館からも検索できるように整備された図書館も登場しています。

▼図書館は社会的共通資本

図書館は「社会的共通資本」であると、私は考えています。

社会的共通資本とは経済学者の宇沢弘文氏が提唱した概念です。「ゆたかな経済生活を営み、すぐれた文化を展開し、人間的に魅力ある社会を持続的、安定的に維持することを可能にするような社会的装置」と定義されます。

図書館情報学者の山崎久道氏も、図書館、文書館、博物館などは情報をストックする組織体として社会的共通資本であると、かねてより説いていました。

宇沢氏は、社会的共通資本は「利潤追求の対象として市場的な条件によって左右されてはならない。社会的共通資本の各部門は、職業的専門家によって、専門的知見にもとづき、職業的規範にしたがって管理・維持されなければならない[9]」としています。

これを受けて山崎氏は、図書館も司書などの職業的専門家によって運営する必要があると指摘しました。そして、これからはテクニカルな部分のエキスパートに加えて「組織や機能全体を企画・設計して経営管理する能力を持った人間が必要です[10]」という重要な知見を述べています。大局観のあるトップと技術的な専門職が、図書館とともに未来を創造していくといったイメージでしょうか。

情報は上下水道や道路、電気と同じように不可欠な社会インフラです。無償で提供されてこそ研究やビジネスを進展させます。それは国際的な競争優位ももたらします。つまり図書館への投資は国家次元での競争優位への投資でもあり、個別のビジネスではないのです。「図書館はビジネスになる」からこそ、社会的共通資本として拡充されることが重要だと思います。

図書館の未来機能を育てる

図書館は、多様化する利用者の期待に最大限応えられるように機能を整備していかなければなりません。厳選された蔵書を保管して利用者に供するといった普遍的な役割も保ちつつ、未来的なインフラ機能を構築していくことが求められています。

その中の情報の提供だけを考えても、次の三つを満たすサービス展開が必要でしょう。

①保有する情報は信頼性の高いことが一応保証されていること

②情報を紙およびデジタルの本や雑誌、新聞といったさまざまな形で保有していること

③保有する情報およびアクセス可能な情報から、利用者が希望通り、時には希望以上の情報を入手できるようにサポートするレファレンス機能を持つこと

このような情報提供機能が強化されていることを表すために、多くの図書館が、名称を「情報センター」に変更しました。公共図書館でも奈良県立図書情報館のように、名称に「情報」を加えるケースが出始めています。

新しい機能には、ビジネス支援といった人的情報提供や、ディスカバリーサービスの導入といった検索を容易にするシステム面の充実もあります。いずれにしても図書館が情報サービス網の中心にならなければ、サービスは次々とビジネス化され、「いいデータは金持ちのもの」という時代になりかねません。

さらに私は、図書館は情報ハブ、イノベーションの発信基地にもなるべきだと考えており、それを次の3項、4項で述べます。

3 プチ図書館史が教える大切なこと

▼写本時代１ アレクサンドリア図書館と修道院

「昔は、『増鏡』とか『今鏡』とか、歴史のことを鏡と言ったのです。鏡の中には、君自身が映るのです。（中略）どんな歴史でもみんな現代史である」[11]とは文芸評論家・小林秀雄の言葉です。

その言葉にならって図書館や本、情報の歴史をざっと振り返ってみましょう。図書館の今とこれからが見えてくるかもしれません。

日本や中国には図書館や本の独自の歴史があります。それを措《お》いて歴史をさかのぼると、紀元前三百年ごろエジプトの港湾都市アレクサンドリアに設立されたアレクサンドリア図書館が古代最大の情報センターだといえるでしょう。大規模な組織による徹底した収書をしていました。入港した船の積み荷に書物があると、いったん没収して写本したといわれるほどです。

図書館を運営する者（この場合のトップは王）は、当時も今も「世界中のすべての本を集めたい」という野望を抱くものなのでしょう。パピルス紙を主材料にしたアレクサンドリア図書館の蔵書数は五十万巻とも九十万巻ともいわれます。

膨大な蔵書はそのまま先進的な知識であり、貴重な情報でした。それを目ざしてアレクサンドリアには各地から優秀な学者が集まり、一大学術センターの様相も呈していたようです。

ただし、本にふれることができたのは、王から許しを得たごく一部のエリートだけでした。

そのような情報の独占形態が、長く続きます。

ぐっと時代が下って中世になると、写本の作成と保存の場として修道院が登場しました。修道士が高度な技術で写本を作成し始めたのです。

それは神学の独占にもつながっていました。

もっとも、当時の羊皮紙写本は一冊つくるのに十数頭の羊と長い年月を要するため高価で、修道院が財政難に陥った時には換金できる資財でもあったようです。[12]

▼写本時代2　大学図書館の登場

王や宗教による本と情報の独占を破ったのは大学図書館でした。十二世紀末ころ、フランスのパリ大学、イタリアのボローニャ大学、イギリスのオックスフォード大学といった大学が形成され始めたのです。

ヨーロッパ全土から集まった学生が使うには、大学図書館の蔵書は少なすぎました。たとえば一二五七年設立のパリ大学ソルボンヌ学寮の十三世紀末の蔵書は一千点ほどだったと伝えられます。[13] 当時としては大変な点数でしたが、一日一冊でも三年かからずに読み終えてしまう数です。まして、多くの学生が授業で使う需要をまかなえるわけもありません。

学生は本の写しを入手しなければならず、そのために許可を受けた書籍商が活躍するようになりました。こうしてヨーロッパに写本市場がつくられ、拡大していきます。

それに伴って、写本は大学図書館にも保管されるようになっていくのです。学問の中心も大学に移りました。

それでもなお写本は貴重品でした。イタリアの作家ウンベルト・エーコの『薔薇の名前』の映画版では、十四世紀初頭の修道院で写本が盗難防止のために鎖につながれている様子が描かれています。

▼印刷時代1　グーテンベルクから産業革命まで

本が鎖から解放されるのは十五世紀半ばにドイツのグーテンベルクが活版印刷術を発明してからです。これ以降、本は限られた階層に独占された貴重品ではなくなり、一般の人々の手が届くものに変わっていきます。

知識や情報、学問も徐々に解き放たれていくのです。ただ、紙は高価で印刷も手作業でしたから、本はすぐに大衆化したわけではありません。オランダの経済史家ヤン・ライテン・ファン・ザンデンによれば、一五二二年から一六四四年の間の西ヨーロッパの平均的な一年間の出版点数は、約三千七百五十点でした[14]。現代では日本だけで一年間に平均約八万点の本が出版されています。そのように大量の本が廉価に印刷され、社会に行き届くようになるのは産業革命を待たねばなりませんでした。

十九世紀に入ると、前世紀後半にイギリスで始まっていた産業革命が全ヨーロッパに広がります。蒸気機関を利用した印刷機の導入によって大量印刷が可能になり、出版点数が飛躍的に増大しました。

識字率も上昇し、社会の広い層が読み書きする社会が到来します。図書館の蔵書も急増しました。整理するために本の分類方法や新しい目録作成技術が整備されたのは、このころです。

▼印刷時代2 公共図書館と国家の発展

同時に公共図書館文化が発達してきます。一七五九年に公共図書館先進国の一つであるイギリスで大英図書館が開館しました。

ヨーロッパから遠く書物の収集に不利だったアメリカでも、一八五四年に最初の公共図書館であるボストン市立図書館が設立されます。

それにともない、図書館で本を読む習慣も広まっていきました。

たとえば発明家エジソンは列車の売り子をしていた一八六二年、十代でデトロイト公共図書館の会員になっています。青年会の読書室が改組された小さな図書館でしたが、「私は図書館全部を読んだ」[15]と述懐しています。通い詰めて猛烈に勉強した様子がうかがえます。公共図書館が国の発展を支える一要素になっていたことを物語るエピソードです。

もっとも、アメリカで公共図書館文化が急発展するのは、慈善事業家としても高名な実業家アンドリュー・カーネギーが図書館建築に莫大な寄付をした一八八〇年から一九二〇年ごろとされています。

情報が猛烈につながり始める

その後、本の出版点数は加速度的に増え、二十世紀後半には大型図書館では書庫の収納スペースに苦慮するほどになったのでした。

しかし、それも今から振り返れば、まだゆったりした増え方でした。

十九世紀の電信時代をへて一九九〇年代にインターネットの商用利用が始まります。さらにウェブ（ワールドワイドウェブ＝ＷＷＷ）が導入されると情報流通が猛烈に拡大し、いわゆる情報爆発を迎えます。

デジタル化された目録がＯＰＡＣという形でネット公開され、自宅で世界中の図書館の蔵書が検索できるようになりました。ネットで自由に読める本の数が増えていきます。

その後の電子ブックや電子ジャーナル、データベースなどの急拡大は本書でも見てきた通りです。二〇〇〇年代には「ウェブ上には一人で全部読み終えるのに十億年かかる量のデータがある」などといわれたものですが、今やそうした計算も不可能でしょう。

発表される学術論文だけに絞っても、膨大すぎて人がすべてを読むことはもうできません。そのため学術情報というビッグデータをＡＩ（人工知能）で分析し、有望な成長領域を特定したり、どの分野の誰の論文を読むべきかをビジュアル化したりするシステムの構築などが進んでいるようです。

独占から解放された情報は、今度は猛烈に増殖し互いにつながることによって、人類未体験の新たな地平へと知を運んでくれるのかもしれません。

▼図書館がつながりのハブになる

歴史を大急ぎでたどってきて私が見通せることは、これからの図書館は情報のハブになるべきだということです。必要な人が必要な時に必要な情報につながることができる。そんな理想的な環境を保証する役割になります。

一方で情報の有料化が進み、他方で情報は増殖しながらつながるという状況の中で、図書館の役割はますます大きくなると思うのです。

そういう時代のプロ司書として、私が心がけていることがあります。知への畏敬の念を伝承することです。知は面白くて楽しく、軽やかに分け入っていけるものだと理解してもらう一方で、先人の思索や研究に畏敬の念を持ち、自分たち一人一人に知を発展させていく責務があることを自覚してもらいたいのです。

それは知のすごみを実感してもらうことだともいえます。

ネットで世界の情報とつながる洋々たる知的興奮と、静謐《せいひつ》な書庫で人類知の精髄と向き合う歓喜。これからの図書館はその両方を提供する場であるべきでしょう。学生に書庫をツアー見学させる時なども、いつもそのあたりを腐心しています。

4 図書館はイノベーション基地になっていく

▼イノベーションに必要なのは人が交錯する場

図書館はさまざまな人が情報を求めて交錯する場です。そんな特性を活用し、図書館はイノベーションの発信基地になっていくし、そうするべきだと私は思っています。

個人的な創造は知識の積み上げと発想を研ぎ澄ますことでも進みますが、組織的、分野横断的な要素が強いイノベーションは、異なる人や情報との出会いが不可欠の要素になります。

自分の居場所でまったりしていては、イノベーションは生まれません。異界、遊び場、広場といった「どこか違う場所」がなくてはならないのです。

実際、ワールドワイドウェブの考案者であるイギリスの科学者ティム・バーナーズ=リーも、目ざしたのはコラボレーションの推進だったと、こう述べています。「創造的な場をつくりたかった。みんながいっしょに遊べる砂場のような場所をね[16]」と。

スティーブ・ジョブズも、多くの人間が情報を抱えてうろうろしている環境が大事だと、こう言っています。「イノベーションの出どころは廊下で出くわしたり、夜の十時半に新しいアイデアが浮かんだから電話をし合ったりする社員たちだ」[17]と。

イノベーションは最初から意識的に行うものではなく、無意識の中にある「みんなそう言うけど、おかしい」「なぜこんなことが常識？」「ここを変えればできるんだ」といった違和感を意識するところがスタートです。

異なる発想、異なる分野、異なる情熱との出会いがなければ進めるものではありません。図書館が出会いの場となれば、イノベーションの基地として最適だと思うのです。

▼図書館は人とコトをつなごうとしている

それと似た考え方は「図書館を中心にした町づくり」として一部の公共図書館で実現されつつあるようです。

歴史ある町の中心部には寺や城址などの文化遺産、広場や市場、公園といったコミュニケーションの場があります。それにならって町の中央に図書館を置き、周囲には複合施設を設けて市民の集いの場にしようという試みです。

ある公共図書館司書のこんな言葉が記憶に残っています。「図書館は、まちづくり、ひとづくりをするところ」「そこに行ったら誰かとつながれたり（中略）、これをやってみようと思えたり、そういう『コト』とつながれる場所[18]」。

図書館の中心に常駐して人と情報の流れを知りつくす司書は、出会いの最適な仲介者だといえます。司書が出会いを演出するところからコラボレーションが生まれ、それがイノベーションに育っていくのです。

▼課題は人的資産の確保

図書館がイノベーションの発信基地になるには、一つの問題を克服する必要があります。人的資産の確保です。

図書館は情報センターに変身しましたが、司書がコラボレーターになったとはいえないようなのです。それどころか、人的資産はむしろ目減りしつつあるように見えます。

そもそも日本では司書は専門職と考えられていません。窓口係と思っている利用者、「利用時間と利用率を伸ばすだけでいい」と決めつける管理者が多数派のように思えます。

病院なら医師、看護師などの専門職と事務員とが職掌に応じて整然と動いています。患者から「働く人はすべて医師だ」と見られることはありません。しかし、図書館では専門職としての司書、事務職としてのサポートスタッフなどの区分があいまいです。制服などもなく、場所によっては同じようなエプロン姿だったりします。

利用者は誰に何を尋ねればいいのか判然としません。いきおい質の高いレファレンスサービスも求められなくなり、専門的な司書が育ちにくくなるという悪循環に陥っています。

欧米は違います。多くの人が図書館員を専門職と考えて信頼しています。

イギリス図書館情報専門家協会が二〇一八年に行った「信頼できる情報を提供する専門家は？」という調査で、図書館員の順位は法律家より高い四位でした。

①医療従事者（七四％）、②教員と警察官（ともに四九％）、④図書館員（四六％）、⑤法律家（三九％）の順です。[19]

米国メイン州立図書館が二〇一六年に信頼度が「非常に高い」「高い」専門職を調査した結果でも、図書館員は八割近い人に信頼されていました。

①看護師（八一％）、②図書館員（七八％）、③薬剤師（七四％）、④医師（六八％）、⑤高校教員、警察官（ともに五九％）です。[20]

この調査では高学歴、高収入の人ほど図書館員への信頼が厚いこともわかりました。

しかし、日本では仮に図書館員が専門職に含まれていたとしても信頼性のベストテンに入ることはないというのが、私の残念な憶測です。

自分の「かかりつけ司書」を見つける

一般に職業観は変遷します。子どもがなりたい職業でも、一九七〇年は男子で野球選手やマンガ家、女子でスチュワーデスや看護婦が目立ちましたが[21]、二〇一九年は男子でサッカー選手やユーチューバー、女子でパティシエールや医師が目を引く[22]といったように変わりました。

というのに、図書館員への職業観はなかなか変わってくれません。加えて表層ウェブと深層ウェブ、データベースの有料と無料の違いなどの知識も徹底せず、どんな情報もネットから無料で取れると誤解されがちです。

そのため大学ですら司書不要論がささやかれ、専門職は減り（減らされ）続けています。レファレンスに通暁したプロ司書は今や絶滅危惧状態にあると嘆きたくなります。

利用者は図書館にこまめに足を運び、積極的に依頼や相談をすることが大切です。そうすれば、専門知識を持つ図書館員と持たない図書館員の区別がつくようになります。

司書は誰なのかも特定でき、自分の「かかりつけ医」のような司書をつくることもできるでしょう。そういう司書が幸せなコラボレーションをもたらしてくれるのです。

5 情報リテラシーは人生をアップデートする

▼情報リテラシーとは何か

「教育とは、学校で習ったことをすべて忘れたあとになお残っているものだ」と物理学者アインシュタインは名文句を残しました。

「そうだけど、そもそも学校で習わないことは残りもしない」と私は日本の情報リテラシー教育についてため息をつきます。

なぜなら、官庁や新聞社、放送局といった情報の扱いに慣れているはずの大組織から、とんでもなく初歩的な質問が寄せられることがあるからです。もちろん専門的な問い合わせのほうが多いのですが、それでも、「なぜ？」と驚かされます。

「学校で教えていないからだよなあ」というのが、私の毎度の自問自答です。

情報リテラシーは、『図書館情報学用語辞典』では、「さまざまな種類の情報源の中から必要な情報にアクセスし、アクセスした情報を正しく評価し、活用する能力」と定義されています。

具体的には、次のような能力です。

①情報へのアクセス

さまざまな種類の情報源について熟知している。実際にレファレンスブックや各種データベースなどを利用して、必要な情報にアクセスすることができる。

②情報の評価

精度や再現率などから、アクセスした情報の正しい評価を行うことができる。

③情報の活用

既存の知識体系の中に、新しい情報を統合することができる。問題解決に当たって情報を有効に適用することができる。

レファレンスに寄せられる初歩的な質問を分析すると、①の情報へのアクセス力がきわめて弱いと感じます。②や③にも問題があるのですが、①の弱さに連動したものでしょう。

教われば最も身につきやすいのは①です。いかに学校が初歩的な情報リテラシーすら教えていないかが、ここからもわかります。

情報のスキルアップは小中学校から

最近はようやく大学新入生への情報リテラシー教育が普通になってきました。でも、大学からでは遅いと言わざるを得ません。せめて高校から、欲をいえば小学生の高学年から教えてほしいと思います。

本や雑誌記事の探し方とＮＤＣを小学校で教え、ＣｉＮｉｉの使い方や新聞記事の検索法を中高校で教える。それだけで情報にアクセスし、評価し、活用する力が格段に上がるでしょう。図書館活用力もアップし、ダブルの情報力強化が期待できます。

しかし、本の探し方でまごつく新入生が多い現状では、大学での情報リテラシー教育は検索の入り口を紹介するレベルで終わってしまいます。高度なスキルになかなか至れないのです。

改革するには、大学図書館に情報リテラシーを身につけた図書館員が少ない現状と、小中高校の情報環境を並行的に改革していくのが望ましいと考えられます。

まずは小中高校で学校図書館を充実させるとともに常勤の学校司書を配置し、勉学に必要な図書館の使い方、情報の探し方を、現場で実際的に教えることが求められます。

それなのに、わが国では常勤司書の配置が貧困です。文部科学省の二〇一六年度の『学校図書館の現状に関する調査』によれば、学校図書館に司書を配置している割合は小学校五九％、中学校五八％、高校六七％と、満足すべき水準とはいえません。

これが常勤司書となると、小学校一二％、中学校一七％にすぎず、高校でも五五％というありさまです。[23]

▼図書館が情報リテラシーを教えるのが実際的

情報リテラシーは小中高校でも大学でも、情報センターである図書館が中心になって教えるのが実際的です。司書教諭や学校図書館司書が教員と協働しながら教え手を務めます。

もともと情報リテラシーという用語が初めて使われた場が図書館でした。アメリカ情報産業協会会長ポール・ザコウスキーが、一九七四年の全米図書館情報学会議での講演で「民間セクターと図書館とが市民の情報リテラシー向上のために協力すべき」だと主張したのが最初だといわれています。[24]

文部科学省も二〇〇〇年に発表した「大学図書館の整備について（審議のまとめ）─変革する大学にあって求められる大学図書館像─」において、情報リテラシーの必要性をうたっています。大学図書館に求められる機能・役割として「情報を探索し、分析・評価し、発信するスキルを一層高める情報リテラシー教育は、大学図書館が主体となって取り組むこと」が求められるとしているのです。

ただ、この発表があった時、現場では「そこまでわかっているなら、文部科学省が率先して制度改正を主導してほしい」という悲鳴が上がりました。取り組みをリードするべき文部科学省が、「理想論は言うが、何もしない」という姿勢では事態は好転しないからです。

図書館情報学が専門の東京大学名誉教授・根本彰氏は、「日本において情報リテラシーがきわめて中途半端にしか理解されていなかったことと図書館の社会的認知の遅れとが対応していた」[25]と述べています。そして、図書館、博物館、美術館、インターネットなどの知の集積装置の整備が進んだ現代こそ情報リテラシーを使いこなすトレーニングを受けることが必要だと指摘しています。

それなのに、いまだに情報リテラシーを図書館と結びつけて考えるのは図書館関係者だけというのが日本の現状です。

▼問題解決能力としての情報リテラシー

私は図書館情報学を学ぶ学生に講義をする時、「公共図書館には大きなマーケットがあります。それは、情報リテラシー教育です」と話します。

あふれるネット情報の中で質の高い情報を効率よく選び、活用するワザを多くの方が必要としています。情報があふれる現代では、情報を選ぶ能力が必須なのです。

その能力を与えてくれるのが情報リテラシーだといえます。実際、一部の公共図書館で実施している市民向け情報リテラシー講習会は、好評のようです。

情報リテラシーは、複雑な世界を理解する力、答えに早く正しくたどり着く力です。また、自分の頭で考える力、世界における自分の価値を高める力です。通り一遍の情報だけでなく、その奥の希少な情報を引き出す力でもあります。

くり返しますが、小中高校に学校司書が配置され、基本的な情報リテラシーを生徒や学生が学べる未来が早く来てほしいものです。その時期に初歩の情報リテラシー能力がつけば、大学生にレベルの高い情報リテラシーを広範囲に教えられます。

それは社会全体の生産性や生活の質の向上に寄与し、日本の研究やビジネスの競争力全体を高める問題解決策の一つになるのです。

「われわれは情報を見すごしているのである」

もっと大切なのは、情報リテラシーが人生そのものを豊かにすることでしょう。

生きていくうえで私たちは絶え間なく二者択一を突きつけられます。「正しいか誤りか」「あるのかないのか」「味方か敵か」「儲かるか損するか」「勝つか負けるか」「終わりか始まりか」「進むか退くか」「個人か組織か」などなどです。

しかも、片方に進めばもう片方は消えてしまいます。選択の積み重ねが自分という人間を形成していくのです。どう選ぶかは、本当に人それぞれの価値観になると思います。

ただ、どんな価値観に立つにしても決定的な要因があります。

適正な情報を持つことです。

情報なくして人生の舵取りはできません。一方、要らざる情報に右往左往しても人生は前に進みません。それが、私が情報リテラシーを重視するゆえんです。

古代ローマの哲学者セネカは「われわれは人生に不足しているのではなく、濫費しているのである[26]」と語りました。情報爆発の今に即せば、「われわれは情報に不足しているのではなく、見すごしているのである」と言い換えられるでしょう。

今、情報は開かれ、アクセスはどんどん容易になっています。情報を持つ者だけが有利だった不平等時代は変わりつつあります。

情報リテラシーの重要性がいよいよ高まっていると思うのです。

あとがき

図書館に内在する多彩な魅力と、書庫で古い本たちが放つ重厚な雰囲気に憧れてこの道に入り、長い年月が経ちました。その間に図書館は情報センターへと変身し、膨大なデジタル情報を蓄積しました。図書館に足を運ぶことなく情報にアクセス可能になったことは、利便性を飛躍的に高めたと思います。本書も図書館の「魅力」よりも、デジタル情報の「機能」に焦点を当てています。

一方、新型コロナウィルス禍による自粛の中で、全国の図書館が「不要不急の施設」とみなされて閉館を余儀なくされたことは、はからずも図書館の魅力を際立たせました。図書館好きの方々から「早く再開してほしい」という要望があふれたのです。

驚いたのは、学生や大学院生からも「論文が書けない」「勉強が進まない」という嘆きが多数寄せられたことです。いつでもどこでも時空を超えた情報収集ができる現在のネット環境は知的生産の必要条件ではあるものの、まだ十分条件ではないのかもしれません。図書館という空間に行ってこそ見つかるもの、進展するものがあるのだと思います。

図書館はさまざまな魅力に満ちあふれています。少し前に『ニューヨーク・パブリック・ライブラリー』という長編ドキュメント映画が公開され、地味な内容にもかかわらず「この図書館（通称ＮＹＰＬ）は素晴らしい！」と絶賛されました。その理由も、おそらく魅力の幅広さにあるでしょう。

図書館は静かに本を読む場、情報にアクセスする場だけではありません。思いがけない発想や人に出会える場であること、司書の助けで情報の領域を広げる場であることは本書で述べた通りです。サロン的な心地よさが得られる場でもあれば、芸術的な美本や歴史的な稀覯本に感動する場でもあります。手ざわりと匂いを感じながら紙の本のページをめくる喜びは、読書好きの楽しみなのです。ＮＹＰＬにはさらに、各種のイベントや教育、弱者救済、ビジネス支援、就職援助まで魅力が詰まっていました。

人々が図書館に求めるそんなイメージが一つにまとまって、再開を求める合唱になったのでしょう。図書館は無数の要望に具体的な答えを提供する場なのです。

最近は公共図書館もサービスの多様化を進め、情報センターとしての機能も整えつつあります。住む場所を選ぶ時、「近所に素敵な図書館がある」のが理由の一つになる時代が来てほしいものです。

サービスの内容は自治体によって大きな差があるようですが、もよりの図書館に魅力が乏しければ変えていくことができます。公共サービス機関なのですから、人材さえ投入すれば大きく変えられるのです。

もちろん、どんな図書館でもNYPLのようになれるわけではありません。特に日本の図書館は、優秀な人材が育ちにくいという問題に直面しています。

私の勤務先は司書課程を持っていますが、毎年、司書希望の優秀な学生の多くが正規職を見つけられず、他業種へ流れていく現状を残念に思っています。せっかく正規職になれたのに、社会的待遇の低さに嫌気がさして転職していく人材も少なくないのです。

欧米では、図書館長はライブラリアンで、脇をさまざまな分野の専門家が固めることが多いようです。しかし、日本の多くの大学では必ずしもそうした体制になってはいないようです。図書館が「本の館《やかた》」から「情報センター」へ変身した今、情報センター機能を発展させつつ魅力も充実させていくには、専門家集団が図書館を運営する時が来ているのでしょう。

たとえば私の専門のレファレンスサービスについて言えば、いずれはAI司書がすべてを取り仕切るようになると想像しています。しかし、どのようなAI司書がふさわしいかを考え、企画して実現させるのは人間です。優秀な人材が集まらなければ、すぐれたAI司書も実現しないのです。

図書館の力は経済的波及効果や情報の平等化などに広く及んでいます。これまで日の当たりにくかった図書館の可能性がもっと広く理解されるようになり、そこから優秀な人材が育ち、社会的共通資本としていっそう充実していくことを願ってやみません。

本書を出版するにあたり、いつも温かい励ましをいただいた中央大学名誉教授・山﨑久道氏、多くの丁寧なアドバイスをくださった藤井昭子氏、児玉閲氏、横内美佐子氏、翻訳家の秋山勝氏ほか、貴重なご助言をいただいた方々に厚くお礼申し上げます。面倒な編集作業を担当していただいた日外アソシエーツの尾崎稔氏、児山政彦氏、石田翔子氏、および我妻滋夫氏にも、この場を借りて感謝の意を表す次第です。

■情報検索・図書館をもっと知りたい人のために

《情報検索》

伊藤民雄『インターネットで文献探索』2019年版（JLA図書館実践シリーズ7）日本図書館協会，2019

高鍬裕樹『デジタル情報資源の検索』増訂第5版，京都図書館情報学研究会，2014

寺尾隆監修『図書館徹底活用術ネットではできない！信頼される「調べる力」が身につく』洋泉社，2017

中島玲子，安形輝，宮田洋輔『スキルアップ！情報検索ー基本と実践』日外アソシエーツ，2017

原田智子編，情報科学技術協会監修，吉井隆明，森美由紀『検索スキルをみがく：検索技術者検定3級公式テキスト』第2版，樹村房，2020

藤田節子『図書館活用術：検索の基本は図書館に』新訂第4版，日外アソシエーツ，2020

藤田節子『キーワード検索がわかる』（ちくま新書685）筑摩書房，2007

宮沢厚雄『検索法キイノート』樹村房，2018

毛利和弘『文献調査法：調査・レポート・論文作成必携：情報リテラシー読本』第8版，日本図書館協会，2019

《図書館》

猪谷千香『つながる図書館』（ちくま新書1051）筑摩書房，2014

片山善博，糸賀雅児『地方自治と図書館：「知の地域づくり」を地域再生の切り札に』勁草書房，2016

竹内悊『生きるための図書館：一人ひとりのために』（岩波新書新赤版1783）岩波書店，2019

柳与志夫，田村俊作編『公共図書館の冒険』みすず書房，2018

吉井潤『知って得する図書館の楽しみかた』勉誠出版，2016

December 1, 2016. https://www.lrs.org/2016/12/01/（2020年7月30日）
21 「現代っ子の『なりたい職業』は」『朝日新聞』1970年11月2日朝刊，p.19
22 「2019年小学生『将来なりたい職業』ランキング」日本ＦＰ協会，2020年4月21日 発 表 https://www.jafp.or.jp/personal_finance/yume/syokugyo/（2020年7月30日参照）
23 文部科学省児童生徒課「平成28年度『学校図書館の現状に関する調査』の結果について」平成28年10月 https://www.mext.go.jp/a_menu/shotou/dokusho/link/1378073.htm（2020年7月30日参照）
24 Zurkowski, Paul G. The Information Service Environment Relationships and Priorities（RelatedPaper No. 5）National Commission on Libraries and Information Science, 1974. http://files.eric.ed.gov/fulltext/ED100391.pdf（2020年7月30日参照）
25 根本彰『情報リテラシーのための図書館』みすず書房，2017，p.223
26 セネカ『人生の短さについて』茂手木元蔵訳（ワイド版岩波文庫46）岩波書店，1980，p.10

11 小林秀雄『学生との対話』国民文化研究会，新潮社編，新潮社，2014，p.139
12 小川知幸「中世後期の手写本制作」『東北大学附属図書館報木這子』31巻4号，2007，p.1
13 Delisle, Léopold. Le Cabinet des manuscrits de la Bibliothèque impériale : étude sur la formation de ce dépôt comprenant les éléments d'une histoire de la calligraphie, de la miniature, de la reliure et du commerce des livres à Paris avant l'invention de l'imprimerie. v. 3 , 1881, p.71／永嶺重敏「中世ソルボンヌ図書館成立史に関する一考察--利用の観点から」『図書館界』34巻4号，1982，p268-276
14 Zanden, J. L. van. The long road to the Industrial Revolution : the European economy in a global perspective, 1000-1800. Brill, 2009，p.188
15 マシユウ・ジヨセフソン『エジソンの生涯』矢野徹等訳，新潮社，1968，p.35
16 ウォルター・アイザックソン『イノベーターズ』2，井口耕二訳，講談社，2019，p.251
17 リーアンダー・ケイニー『スティーブ・ジョブズの流儀』三木俊哉訳，ランダムハウス講談社，2008，p.219
18 鈴木均，嶋田学，手塚美希，平賀研也「公共図書館の可能性：図書館を通した公共圏・コミュニティづくり」『LRG』22号，2018，p.33,43
19 Top professionals for trustworthy information revealed. CILIP news. 20 February 2018. https://www.cilip.org.uk/page/trusted（2020年7月30日参照）
20 Maine State Library study finds that Librarian is one of the most trusted professions. Library Research Service.

第6章

1 勝海舟『氷川清話』勝部真長編，角川書店，1972，p.55

第7章

1 Stone, Brad Amazon Erases Two Classics From Kindle. New York Times 18 July 2009 : B 1 .
2 京都大学附属図書館学術支援課「京都大学におけるオープンアクセス費（APC）・論文投稿料支払状況2016-2018（速報版）」2019，https://repository.kulib.kyoto-u.ac.jp/dspace/bitstream/2433/245219/1/apc.rep.2016-2018.sokuhou.pdf（2020年 7 月30日参照）
3 エルゼビア「オープンアクセスの支援」 https://www.elsevier.com/ja-jp/about/open-science/open-access/supporting-open-access（2020年 7 月30日参照）
4 村上昭義，伊神正貫「科学研究のベンチマーキング2019：論文分析でみる世界の研究活動の変化と日本の状況」『調査資料』284号，2019，p. 3
5 Tessler, Andrew. Economic valuation of the British Library. Oxford Economics, 2013 https://www.oxfordeconomics.com/my-oxford/projects/245662（2020年 7 月30日参照）
6 ジェフ・マシューズ『バフェットの株主総会』黒輪篤嗣訳，エクスナレッジ，2009，p.113
7 アリス・シュローダー『スノーボール』上，伏見威蕃訳，日本経済新聞出版社，2009，p.239
8 ジャン・ノエル・ジャンヌネー『Googleとの闘い』佐々木勉訳，岩波書店，2007，p.77-78
9 宇沢弘文『社会的共通資本』（岩波新書696）岩波書店，2000，p. 5
10 山﨑久道『情報貧国ニッポン』日外アソシエーツ，2015，p.136

2 トマ・ピケティ「メディアを救え」，ジュリア・カジェ『なぜネット社会ほど権力の暴走を招くのか』山本知子，相川千尋訳，徳間書店，2015，p. 2

第4章

1 多尾清子『統計学者としてのナイチンゲール』医学書院，1991，p.34
2 塩野七生『マキアヴェッリ語録』新潮社，1992，p.124
3 エリック・シュミット，ジョナサン・ローゼンバーグ，アラン・イーグル『How Google Works：私たちの働き方とマネジメント』土方奈美訳，日本経済新聞出版社，2014，p.187
4 安井哲章「イメージで法律を語らないために」『白門』2019年冬号，p. 4 - 5

第5章

1 橋元良明『日本人の情報行動2015』東京大学出版会，2016，p.71,74,77
2 「旧約聖書 箴言19章2節」『聖書：新共同訳』共同訳聖書実行委員会 [編] 日本聖書協会，2013，p.1015
3 Boswell, James. The Life of Samuel Johnson, LLD: With His Correspondence And Conversations, Unabridged ed. Routledge, 1807, p.216 https://babel.hathitrust.org/cgi/pt?id=hvd.hxg7s2&view=1up&seq=11（2020年7月30日参照）
4 林真理子，磯田道史 対談「マリコのゲストコレクション815回」『週刊朝日』2016年5月20日号，p.132-136
5 エマニュエル・トッド『問題は英国ではない、ＥＵなのだ』堀茂樹訳，文藝春秋，2016，p.90

■引用・参照文献

まえがき

1 アダム・スミス『国富論』1，杉山忠平訳（岩波文庫白105-1）岩波書店，2000，p.37

2 「プロフェッショナル仕事の流儀　その人らしさを見つめて　認知症ケアのプロＳＰ　介護福祉士・和田行男氏」ＮＨＫテレビ，2019年9月3日放送

第1章

1 アゴタ・クリストフ『悪童日記』堀茂樹訳，早川書房，1991，p.36

2 オイゲン・ヘリゲル『弓と禅』稲富栄次郎，上田武訳，福村出版，1981，p.151

3 Ｄ・カーネギー『話す力』東条健一訳，新潮社，2015，p.57

4 阿刀田高「私の履歴書８」『日本経済新聞』2018年6月8日朝刊，p.38

5 Jobs, Stave. You've got to find what you love, June 12, 2005, Stanford News. https://news.stanford.edu/2005/06/14/jobs-061505/（2020年7月30日参照）

6 S.R.ランガナタン『図書館学の五法則』渡辺信一，深井耀子，渋田義行共訳，日本図書館協会，1981，p.74-78,227-233,249-251,284-288,350-356,362

第2章

1 池上彰，佐藤優『僕らが毎日やっている最強の読み方』東洋経済新報社，2016，p.31

第3章

1 近藤勝重『必ず書ける「3つが基本」の文章術』幻冬舎，2015，p.211

【さ行】

【た行】

索 引

著者略歴

入矢 玲子（いりや・れいこ）

1978年、大阪外国語大学（現大阪大学）イスパニア語学科卒。同年から中央大学職員として図書館に勤務。同大学図書館事務部レファレンス・情報リテラシー担当副部長を務める。1991年～92年、米国イリノイ大学モーテンソンセンター日本人初フェローとして派遣され、同大学商学部客員研究員、日本関係レファレンスサービスなどを担当。1996年～2004年、日本図書館協会「日本の参考図書」編纂委員。

著書に『日本の参考図書』（共著、日本図書館協会、2002年）、論文に「『図書館文化』の継承を」（朝日新聞2006年2月15日）、エッセイに「ある司書の旧姓使用奮闘記」（中央評論300号、2017年9月）などがある。

<図書館サポートフォーラムシリーズ>

プロ司書の検索術

―「本当に欲しかった情報」の見つけ方

2020年10月25日　第1刷発行
2022年10月25日　第5刷発行

著　　者／入矢玲子
発 行 者／山下浩
発　　行／日外アソシエーツ株式会社
〒140-0013 東京都品川区南大井6-16-16 鈴中ビル大森アネックス
電話 (03)3763-5241（代表） FAX(03)3764-0845
URL https://www.nichigai.co.jp/

組版処理／有限会社デジタル工房
印刷・製本／株式会社平河工業社

《中性紙北越淡クリームキンマリ使用》

ISBN978-4-8169-2851-2　**Printed in Japan,2022**

図書館サポートフォーラムシリーズの刊行にあたって

図書館サポートフォーラムは、図書館に関わる仕事に従事し、今は「卒業」された人達が、現役の図書館人、あるいは、図書館そのものを応援する目的で、1996年に設立されました。このフォーラムを支える精神は、本年で16回を数えた「図書館サポートフォーラム賞」のコンセプトによく現れていると思います。それは、「社会に積極的に働きかける」「国際的視野に立つ」「ユニークさを持つ」の三点です。これらについては、このフォーラムの生みの親であった末吉哲郎初代代表幹事が、いつも口にしておられたことでもあります。現在も、その精神で、日々活動を続けています。

そうしたスピリットのもとに、今回「図書館サポートフォーラムシリーズ」を刊行することになりました。刊行元は、事務局として図書館サポートフォーラムを支え続けてきている日外アソシエーツです。このシリーズのキーワードは、「図書館と社会」です。図書館というものが持っている社会的価値、さらにそれを可能にするさまざまな仕組み、こういったことに目を注ぎながら刊行を続けてまいります。

図書館という地味な存在、しかしこれからの情報社会にあって不可欠の社会的基盤を、真に社会のためのものにするために、このシリーズがお役にたてればありがたいと思います。

2014年10月

シリーズ監修

山﨑　久道（図書館サポートフォーラム代表幹事）
末吉　哲郎（図書館サポートフォーラム幹事）
水谷　長志（図書館サポートフォーラム幹事）